入江敦彦

怖いこわい京都、教えます

新潮社

その瞳こそげにげに魔神の夢みたるにさも似たるかな。
灯影（ほかげ）は禽の姿を映し出で、床の上に黒影（かげ）投げつ。
さればこそ儂（わ）が心その床の上にただよへるかの黒影（こくえい）を
得免れむ便（よすが）だもあなあはれ
──またとはなけめ。

「大鴉」E・A・ポオ（日夏耿之介訳）

装幀・本文写真　著者
装幀　　　　　新潮社装幀室

まえがき　澱の檻の囚人

まあ、そないに怖がらんでもよろしおすがな。もうちょっと此方にお寄りやす。

京都の恐怖が、そんなふうに微笑んでおいでしている。京都の怖さは作り笑いの後ろに隠れている。真意が読み取れない恐ろしさだ。老舗の奥ではんなり客を迎える店主。隙のない料亭の仲居。やさしげな坊さん。おっとりと振舞う舞妓。みんな怖い。人間だけではない。燃える紅葉。観桜の殷賑。典雅な寺院建築。鎮守の森を従えた神社の拝殿。"美"が禁忌を隠している気がする。ただ路傍に置かれた岩石や注連縄の巻かれた巨木。目鼻の磨耗した地蔵尊。屋根に鎮座する鬼瓦。みんな胡乱な空気を漂わせる。

千年のミヤコには千年かかって凝った澱のようなものがある。イメージとしては糠床みたいな感じ。京漬物は、もとい京の遺構にも、その澱は沈殿している。人間にも景観にも建築にも名もなき遺構にも、その澱は沈殿している。イメージとしては糠床みたいな感じ。京漬物は、もとい京の恐怖はそこで産声をあげるのだ──というのが私の仮説である。

もっとも生まれてはみたものの、ほとんどの恐怖は人目に触れぬまま澱の泥濘のなかで一生を過ごすのだろう。けれど、稀にではあるが、それらが現実世界に現れることがある。ちょうど寄生虫のハリガネムシが蟷螂の腹を破って飛び出すように。

きまぐれに恐怖は宿主の内側からエイリアンみたいに顔を出して辺りを見回したりする。人影を見つけたらか細い声をあげたり、目と目が合えば手招きなんかしてみたり。

それでもやはり、それらは輪郭すら判然としない。澱にまみれてどろどろだから。

京都に怪奇幻想を抱く者は多い。心霊スポットといわれる場所もたくさんある。血腥い歴史の痕跡がそこここに残っている。人々は幻惑され、あるいは呼ばれたような気がして洛中を訪れる。

けれどいざ近寄ってみれば泥濘んだ澱が染みしているばかり。むろん、なかには恐怖に足を取られ、澱のなかに引き摺り込まれて宿主と一体化してしまう不幸な人間もいるかもしれないが。

これを俗に「憑かれる」というのだ。

とはいえ、それでも。それでも間違いなく、姿の見えない得体の知れない非合理的雰囲気は京が京たる演出に一役買っている。恐怖は京都を魅力的に見せる。

澱は檻。しかしながら「澱の檻」は物理的には無限の広がりがある。どんなに遠く離れて暮らしていても、その拘束力は絶大である。京都人はみな澱の囚人。当たり前の日常生活のなかでは、せいぜいが闇の懐に犇めきあい蠢動するなにかの気配をふと感じてヒヤリとするくらいのもので、その正体を目の当たりにすることは滅多とない。見えない姿を想像してさぶいぼをたてるのが関の山。

そいつらの実像に触れたいと考えたら単純に、やはりできうる限り泥濘がのたうつ場所に足を運んでやる必要があろう。ましてやその魅力を知りたいと願うなら、その生態を観察したいというのなら、どれほどコワイ思いをせねばならぬことか。しかしそれでも私は自分の心を捉えて放さない澱の〝主〟になんとしてでも会ってみたかった。

泥濘に手を突っ込んで掻き回し、ときには顔を沈め、自らを汚さなければ京の恐怖はその片鱗すらひらめかせてはくれない。結果、骨折り損でも構わない。よしんば発見したものが枯尾花であってもいいのだ。枯尾花には枯尾花の怖さと面白さがあるはずだから。

泥濘ウォッチの観測定点は九つ。

ゆらゆらと碁盤の目を巡る人々の業が、いつしか奇怪な実体を得た《異形》。

現実と虚構の交差点。大路小路の片隅で不気味な軋みをあげ続ける《伝説》。

後白河上皇の時代より、京都人がいかなる魔窟よりも畏れる聖域、《寺院》。

与える幸福と同じだけの災厄を人々にもたらす八百万の魔の住処、《神社》。

あまりにも当たり前の顔で京の日常に潜むがゆえ気づかない数々の《奇妙》。

柔らかな物腰に秘匿された自我。影が蠢くように洛中を往来する《人間》。

山紫水明の眺望と二重写しの凄惨な陰翳が、なぜだか人々を虜にする《風景》。

因果が籠もり因縁が連鎖して、仄暗い京の露地裏で怨嗟を撒き散らす《幽霊》。

京という都市を母体に産声をあげ、瘴気を吸っていまだ生き延びる《妖怪》。

それらをつぶさに観察したあとで、私はなにを想うだろう。鬼が出るか蛇が出るか。我ながら楽しみなような不安なような。

京都人は生まれながらに咎を背負っている。澱という原罪を。そして、その罪状によって檻に閉じ込められている。もしかしたら京都の恐怖に惹かれるような人間は、みんな重かれ軽かれ同じ罪を犯しているのかもしれない。

怖い場所リスト

数字は本文に登場する順。洛外で地図の範囲に収まらない場所は省き、地図欄外に示した。

●異形

1. 京都ゑびす神社
2. 熊野若王子神社
3. 礦礦
4. 招壽寺
5. 堤瓦商店
6. 宝鏡寺
7. 東寺
8. 粟嶋堂宗徳寺
9. 上賀茂神社
10. 雲林院
11. 八坂庚申堂
12. 大豊神社
13. 岬神社
14. 青蓮寺
15. 鉄輪の井戸
16. 地主神社
17. 神田神宮
18. 義仲寺塚
19. 三条河原
20. 瑞泉寺
21. 狐坂
22. 蓮願寺
23. 菅原寺
24. 西行庵
25. 十五大明神
26. 白川子安観音
27. 目塚
28. 幸神社
29. 嵐山モンキーパーク
30. 清滝トンネル

●寺院

31. 正伝寺
32. 法伝寺
33. 千本釈迦堂
34. 志明院
35. 真如堂
36. 南禅寺
37. 石像寺
38. 矢田寺
39. 清水寺
40. 熊野神社衣笠分社
41. 佛勅山顕正寺
42. 化野念仏寺
43. 今宮神社旅所
44. 樣谷七野神社
45. 下鴨神社
46. 六請神社
47. 菅原院天満宮
48. 源融河原院址大明神
49. 雲光殿大明神
50. 瓢箪亭
51. 清水谷家の椋
52. 木村英雄
53. 本願寺伝道院
54. 平安神宮
55. 安井金比羅宮
56. 住吉貴船神社
57. 紫野貴船神社

●奇妙

58. 八坂神社
59. 不思議不動院
60. 一条戻橋
61. 志明院
62. 梅雨の井
63. 上御霊神社
64. 春日神社
65. 元祇園梛神社
66. 雲ヶ畑廃屋
67. 下鴨神社
68. 総神社
69. 弁慶石
70. 壬生寺
71. 天寧寺

●人間

72. 岩上神社
73. 祇園女御塚

●風景

74. 行者橋
75. 一力亭
76. 大峰寺跡
77. 西方寺
78. 一和
79. 観世井
80. 不思議不動院
81. 梅雨の井
82. 上御霊神社
83. 車折神社
84. 雲ヶ畑廃屋
85. 下鴨神社
86. 阪急百貨店
87. 大谷廟
88. 金戒光明寺
89. 武信稲荷
90. 今宮神社
91. 花園マンション跡池
92. 御室の切り通し
93. 岩倉児童公園
94. 笠トンネル
95. 拾翠亭
96. 円山公園東南トイレ

●幽霊

97. 老ノ坂トンネル
98. 東山口刑場跡
99. 栗田口刑場跡
100. 曼殊院
101. 華堂

●妖怪

102. 鞍馬駅
103. 鶴大明神
104. 毛朱一竹塚
105. 神明神社
106. 大徳寺
107. 西雲院
108. 茂庵
109. 東向観音寺
110. 上品蓮台寺
111. 半木の道
112. 妖怪堂
113. 高台寺

●伝説

114. 祇上野神社
115. 岩上神社
116. 船岡山

京都全図

点線で示したのが洛中。

嵐山高雄パークウェイ
嵯峨野
嵐山
愛宕山
鞍馬山
阪急京都線
東海道本線
東海道新幹線
桂川
山陰本線
二条城
京都御所
賀茂川
鴨川
京都駅
三十三間堂
東山
京都南IC
伏見
奈良線
大文字山
大原・三千院
比叡山
比叡山ドライブウェイ
山科
東海道本線
東海道新幹線
京都東IC
名神高速道路

鞍馬

41 29 28 82 96 70 33 83 102 49 98 100

地図製作 ジェイマップ

京都市街図

数字は本書に登場する「怖い場所」。
リストは前ページ、住所は本文参照。

北区
- 光悦寺
- 金閣寺
- 今宮神社 90 78
- 高桐院卍 105 大徳寺
- 京都府立植物園
- 御園橋
- 北山大橋
- 北山通
- 北大路通

上京区
- 仁和寺
- 妙心寺
- 龍安寺
- 卍等持院
- 卍真如北野廃寺 39
- 北野天満宮 32
- 平野神社
- 京都府庁
- 京都御所
- 地下鉄烏丸線
- 京阪鴨東線
- 鴨川
- 堀川通
- 今出川通
- 丸太町通
- 出町柳
- 河原町通

左京区
- 下鴨神社
- 京都大
- 吉田神社
- 聖護院
- 銀閣寺卍
- 哲学の道
- 御蔭通
- 日ノ岡通
- 叡山電鉄
- 三宅八幡
- 宝ヶ池
- 国際会館

→（左京区）下鴨静原大原線

（地図上の番号: 4, 5, 6, 9, 11, 12, 14, 21, 25, 27, 30, 31, 32, 34, 36, 39, 42, 43, 45, 46, 47, 54, 56, 57, 60, 63, 64, 68, 69, 72, 73, 75, 76, 77, 78, 79, 80, 81, 84, 87, 89, 90, 91, 92, 93, 95, 100, 101, 105, 106, 108）

目次

まえがき
澱の檻の囚人 03

怖いこわい 異形

エビス 14
常世様の蔵 17
鬼瓦 20
万勢伊さん 22
夜叉神 25
人形 27
お賓頭盧さま 29
闇の狛犬 32
魔像 34

怖いこわい 伝説

丑の刻参り 38
首塚 40
蛇神様 42
畜生塚 45
狐坂 47
月下氷人石 50
お御籤 52
反魂 54
首の呻き 56
猿は招く 58
清滝トンネルの信号 61

怖いこわい 寺院

血天井 64
茶枳尼天 66
阿亀 69
志明院 71
地蔵堂 73
釘抜きさん 75
送り鐘 78
清水の舞台 80
仏様が見てる 83
化野 85

怖いこわい 神社

御旅 88
七野神社 91
御霊神社 94
天神さん 97
源融河原院 99
鎮守の森 101
大鳥居 103
絵馬覗き 105
呪歌 108
奉納舞台 111

怖いこわい 奇妙

御札 114
普請負け 116
橋占 118
一口 122
石I 禁忌 124
石II 夢の磐座 126
エンザンザ 129
西院の眠り男 132
千躰仏 134
わたしの神様 137

怖いこわい 人間

岩神さん 140
京女 143
一見さんお断り 145
老人 147
タクシー 150
ホーさん 152
イケズ 154
自転車 156
修験道 159

怖いこわい風景

廃屋Ⅰ 屋根裏の狂女 162

墓池 165

古井戸 169

納札所 171

千社札 173

廃屋Ⅱ 闇の旅籠 175

鬼門 177

墓地 179

武信稲荷 181

怖いこわい幽霊

船岡山 184

マンション 186

幽霊街道 190

公衆トイレ 192

ビルマ僧院 195

サンリバー 197

学校の怪談 199

怪談 201

四辻 203

座敷童子クラブ 205

幽霊画 207

怖いこわい妖怪

かいなで 210

鵺 212

うわん 215

吉田山 217

比叡山 220

土蜘蛛 222

へっくんさん 224

オーブ 227

百鬼夜行 230

あとがき
公式で解けない恐怖 233

怖いこわい異形

異形—01 【エビス】

❶ 京都ゑびす神社　東山区大和大路四条下ル小松町一二五
❷ 熊野若王子神社　左京区哲学道冷泉東入ル若王子町二

【扉写真】
上・若王子神社　戎神
下・大豊神社　狛犬〈吽形〉と獅子〈阿形〉

　兵庫県の〈西宮えびす神社〉、大阪の〈今宮戎神社〉とともに日本三大エビスに数えられる〈京都ゑびす神社〉。規模は小さいし知名度も劣るが庶民の崇敬を集める、京都人にとっては大切な神さんのひとつである。ふだんはしんと静まり返っているけれど、通称「初ゑびす」として知られる正月の十日ゑびす大祭期間中には、祇園や宮川町のお姐さん方や東映の女優さんたちによる福笹授与などもあり、この日ばかりは殺人的な混雑となる。四条通までも人と車が溢れ、立錐の余地もない。

　鯛を担いだふくよかな福の神。【エビス】といえば、おめでたい印象がある。が、それは室町時代に「七福神」に組み込まれて以降の話。それまでは一癖も二癖もある生来の異形神であった。記紀神話によれば国造神イザナギ・イザナミの第三子という由緒ある生まれでありながら、この両親は「三歳にならはっても足腰が立たぁらへんかったし海に流してしもた」というのだから、ひどい話もあったものだ。

　けれどエビスは帰ってきた。「流されたものならば、きっとどこかに漂着しているに違いない」という俗信が誕生したのは、きわめて自然な成り行きであるように思える。異形の【蛭子】

は、「外来者」「異邦人」を意味する【夷】【戎】などの言葉と結びつき、水平線の向こうからやってきて《幸》や《富》を与える水の神・海神なる属性を帯びた。

古くから開けた漁村では、魚群を報せるイルカや、大いなる恵みをもたらす鯨などをごく最近まで「エビス」の名で呼んでいた。地域によっては水死体のこともそう称し、これが浜に打ち上げられると「大漁の吉祥」として祀られたという。

そんな逸話を聞くと、全体にブクブクと丸みを帯びたエビスの姿が、ふやけきり腹にガスがたまった溺死者のメタファーとも思えてくる。

中世以降夷信仰はさらに変遷する。いわゆる「国譲り神話」の現場で釣り糸を垂れていた宣託神コトシロヌシと海繋がりで習合したのだ。また、同じように「罪を背負わされて追放される神」である浄化神・山幸彦とも重ねられ、それぞれの性質を付加されてゆく。そしてついには「ユー、明日から七福神だから」と福の神グループのメンバーに選ばれた。

かくて【恵比寿】【恵美須】となった神は、かつての異形性を失い、「えべっさん」として愛され、商売繁盛の守り神になった。もとはといえば【蛭子】が漂着したとされる浜であるがゆえに総本社となった兵庫県西宮市の〈西宮えびす神社〉ですら、その暗く複雑な祭神の生い立ちはどこにも感じられない。十三世紀初頭、鎌倉時代、栄西禅師が建立した〈建仁寺〉の鎮守社として勧請される〈京都ゑびす神社〉だって、いまやほとんど祇園の守護聖扱いだけれど本来はコトシロヌシを祀る祠であった。

れたのが始まり。個人的には、承久三（一二二一）年の承久の乱に当たって、咎なくも自ら進んで土佐・阿波に流されることを選んだ土御門上皇を悼み、コトシロヌシと習合させたエビスに「神となって帰ってくる宮様」像を重ねていたのではないか。

京都でエビスといえば〈熊野若王子神社〉にある神像も忘れられない。木造寄せ木造りで江戸初期の作とされているが、この人が（人じゃないけど）一目観たらその晩は夢に現われてきそうなくらいキョーレツに怖い。七福神デビュー以前の姿が偲ばれる。現在は家具の街として知られる「夷川」の町名の由来となった祠に祀られていたものらしい。応仁の乱で社が荒廃してここ東山の麓に連れてこられたのだという。

そもそも〈熊野若王子神社〉は永観堂の守護神として勧請された〈若王子〉の鎮守社。主祭神はイザナギ・イザナミ。自分を棄てた薄情な親を恨んでいるのか。不幸な出生を呪うかのごとき異形のオーラを放っている。いやあ、やっぱりエビスはこうでなくちゃね。

異形-02 【常世様(とこよさま)の蔵】

❸磔磔　下京区富小路通仏光寺下ル筋屋町一三六

　京の風景には、まだ当たり前に蔵が混ざっている。それらは、まぎれもなく〝町衆〟が豊かであった時代の遺構だ。もっとも、そのほとんどは衣替えした建具などを納める倉庫。油照りの夏、底冷えの冬を前に京都人はかつて家内の設えを総入れ替えしてきた。そのための空間なのだ。特別なお宝を護るためのものではない。

　それでも蔵は人々を幻惑する。桜の下に屍体が埋まっているように、蔵のなかにはお宝が眠っている気がする。……あるいは誰かがひっそりと幽閉されている気もする。蔵を利用して作られたライブハウス〈磔磔(たくたく)〉などで演奏を聴いていると、ときに実際の観客数以上の熱気みたいなものを感じる。確かに蔵には目に見えない住人がいるのだ。

　蔵といえば私には奇妙な経験がある。

　蝉しぐれのなか、岡崎の裏道を散歩中のこと。古びた住宅街の間、抜け落ちたようにある駐車場を私は見つけた。かつてはそれなりの屋敷だったはずの敷地。だが、もはや片隅に取り壊しを逃れた蔵が佇むのみだった。

「常世様」。ところどころ漆喰が落剝した蔵の玄関には、そんな看板が架かっていた。

虫食いのある古びた木の板に墨書きされた文字が日に焼けてかすれている。わずかに違和感は覚えたが、人の出入りがあったので最初は町家ショップだと思った。今日びはどんなに細い露地の奥にも、それらはオープンする。

開けっ放しにもかかわらず蔵の中はひんやりしていた。けれど、私がゾクリとして立ち止まったのは、そのせいじゃなかった。

両脇に十列足らず並んだ腰掛けには緋毛氈がかけられ、まばらに人が座っている。そのみんながみんな項垂れて、猫背になって正面奥に祀られた白っぽい観音像に向かって念仏していた。ショップでないのはあきらかだ。私の本能が〝撤収〟を告げる。

そのときだ。踵を返した目の前に老婆が現われ、私は危うく声をあげそうになった。

「常世様やし、拝んでおいきやす」

彼女に促され、私は覚悟を決めて本尊に近づいた。巨大な燭台が両脇に置かれ、百目蠟燭の焰に照らされたそれは、しかし観音像ではなかった。白い布に包まれた人型のナニカが、赤い絹の細帯で床柱に縛り付けられていた。

形だけ手を合わせ、とっとと私が蔵を後にしたのはいうまでもない。

【常世虫信仰】の話を知ったのは、それから何年も経ってからだった。それは七世紀半ば、富士川付近で発生した新興宗教(カルト)。ある種のイモムシを「富と長寿をもたらす常世虫」として祀った。教祖の大生部多(おおふべのおお)は、朝廷の命を受けた秦河勝(はたのかわかつ)——そう。後にそれがあまりにも大流行したために

平安京造営を請け負った、あの秦氏の首領である——に討伐され、信仰は途絶えたと『日本書紀』にはある。

一説によれば、この失われたはずの宗教は、日本に養蚕をもたらした秦氏との繋がりで蚕神信仰に形を変えて生き残ったともいわれる。私が見た「常世様」は、あきらかに、この蚕神信仰の一形態であったと思われる。

原始的宗教が、そんなふうに他の神々と習合されるのは珍しくはない。それを滅ぼしたものをも取り込んでしまう貪欲な性質を信仰というものは持ちうる。が、平安以前のささやかなカルトが隔世遺伝みたいに洛中に蘇るのはきわめて稀な現象といえよう。

あの風景はまだあるのだろうか。蔵を再確認しに行こうと何度も考え、そのたびに私は思いとどまってきた。

なぜなら、あのとき柱に縛りつけられた〝布の蛹〟が蠕動したように見えたから——である。

もしあれが燭光の揺らぎに創られた幻だったとしても、そのとき胃酸が湧くみたいに込み上げてきた恐怖を私は忘れられない。

19　異形

異形-03 【鬼瓦】

❹ 招善寺　北区紫竹西野山町三四
❺ 堤瓦商店　上京区猪熊通下立売下ル大黒町四五四‐一一

　実家の近所に、観光的には無名だが某宗派の総本山を務める立派なお寺がある。生まれたときから、こちらの除夜の鐘を聞き、こちらの仏様に手を合わせ、こちらの境内を遊び場に育った。通りから少しだけ引っ込んで構えられた西門の両脇には垣根を廻らせた小さな庭があり、ここを〝秘密の花園〟として私は想像力を思う存分広げることができた。
　けれど、この寺院は私にとってもう一つ、大袈裟な表現だが「暗黒面」とでもいうべき顔を持っていた。当時、母には奇妙な教育指導方針があって、私が悪さをすると彼女は（仕事が忙しくないときに限ってだが）刑罰に代えて《恐怖》を与えることにしていた。こちらはその精神的折檻の舞台でもあったのだ。
　母は悪戯をした私の手を引いて境内まで連れてくると、本堂の屋根に乗る大きな鬼瓦を指さしていったものだ。
「あれ見てみ。あの鬼は悪さしよった子どもを食べてしまうんやで。わたしに見つからへん思ても、あの鬼は見たはるえ！」
　何べんもこの注意指導を受けたせいで鬼瓦は私のトラウマとなった。いまでもちょびっと怖い。

ちょびっとだけど。

〈招善寺〉という洛北の小さなお寺を訪ねたとき、境内に似たタイプの鬼瓦がごろごろ置かれており私は危うく声をあげそうになったことがある。こちらには見事な白木蓮があって、とくに散りゆくころはそれはもう凄惨な美しさ。ぜひ訪院をお薦めしたい。そして、お出かけの際にはついでに私を脅かした鬼瓦もチェックされたい。「子どもを食べる」なんて嘘八百にリアリティを与える迫力ある造形だ。

それでなくても和風建築が多い京都という街は、そこかしこに鬼瓦を扱う店がみつかる。それらはたいていサンプル展示と装飾を兼ねて軒の上に様々な鬼瓦を並べている。大黒さんやゑべっさんならばいいのだけれど、文字通り鬼系のものばかりだと冷や汗が滲む。

実家からそう遠くない場所にある〈堤瓦商店〉さんなどは玄関から窓枠、植木鉢の根元まで置けそうなところには余さず置かれていて迫力満点。ほとんど建物全体が鬼瓦に覆われた状態である。私は怖いもの見たさで、つい足を運んでしまう。

桟に針金で括りつけられた般若の鬼瓦など、もちろん盗難防止の配慮なのだろうけれど、見ようによっては逃げ出していかぬよう緊縛しているかのごとくだ。

文政年間に書かれた石塚豊芥子の『街談文文集要』には鬼瓦に魅入られて病気になった女房の話が登場するが、この緊縛般若などを目の当たりにすると彼女の気持ちが解らなくもない。

21　異形

異形-04 【万勢伊さん】

❻宝鏡寺　上京区寺之内通堀川東入ル百々町五四七-一

さり……さり……さり……

長い板張りの廊下の奥に、その人影を見たときは単純にその背格好から子どもだと思った。ゆっくりゆっくり足を引き摺るように歩く姿はまだ輪郭がぼやけている。ところは西陣〈宝鏡寺〉。人形供養で有名な臨済宗の古刹である。親のお伴で京都観光か。まだ小さい子みたいだから退屈してふざけてるんだろうな。──そんなふうに思いついて、私は視線を枯山水の庭に戻した。

さり……さり……さり……

杉板のうえに敷かれた薄べりの表が擦れる微かな音。振り返った私は、すぐさま顔をそむけた。子どもではなかった。おかっぱ頭の大人だ。彼女は祈るように両手を合わせ、いざり歩いていた。それが膝で這い這いをしているのだから、そりゃ子どもにも見えるって。きっと立ちあがっても小柄なほうだろう。

ちらとしか見なかったけれど瞼に焼きついた残像は岸田劉生の「麗子像」と重なった。

私は庭の風景に集中しているふりを必死で続けた。秘めやかに摩擦音が同じペースで近づいて

22

くる。それに連れて彼女が口を閉じたまま唱える「むぉーん」とか「ゆぁーん」とかいう声が聞こえてきた。

さり……。……私の真後ろで、彼女はぴたりと歩みを止めた。身を強張らせたままどのくらい「むぉーん」「ゆぁーん」に耳を傾けていただろう。実際はほんの僅かだったのかもしれないが気が遠くなりそうだった。ふと気がつくと彼女はもう廊下の角を曲がろうとしており、私はその場にへたりこんだ。

いったい彼女は何をしていたのか何がしたかったのか——いまだにわからない。ひょっとしたら、ああいう方法の願掛けかなにかがあるのかもしれない。が、ともあれ、あんまり心臓にはよくない。ほんの一瞬のことなのに、ありありとその姿が思い浮かぶ。あの麗子像に比べたら、この寺に奉納された生き人形【万勢伊さん】のほうが、なんぼか怖くないというものだ。

【万勢伊さん】というのは「人形寺」こと〈宝鏡寺〉にある御所人形。十一歳で寺に入り、のちに二十二代門跡となる本覚院宮に愛玩されていた。それがいつしか魂を宿し、宮様を護りたい一心から夜毎に境内の見回りをするようになったとの逸話が寺に伝わっている。

しかし生命が籠もるとは、よほど可愛がられていたのだろう。が、なによりも驚くべきはこの人形を可愛いと感じられる本覚院宮という人の感性かもしれない。ふつう「人形を可愛がる」といえば自分より幼い、あるいはか弱い存在の庇護者の役割を演じるもんだよね。だが、万勢伊さ

23　異形

んはでっぷり肥えた正座する中年女性なのだ。まあ、それをいいだせば麗子像だって劉生は怖い絵を描こうとしたわけじゃないのだけれど、ガラスケースに納まったいまでも、じっと見ていると動き出しそうな気配を漂わせている。
　ここは、室町時代に光厳天皇の皇女・華林宮恵厳禅尼によって建立以来、代々の門跡を公家の息女が継ぐ習わしであった。その縁で宮家のお姫さまが多く身を寄せてきた。徳川家に降嫁した和宮なども一時ここに暮らしたという。
〈宝鏡寺〉の人形は、「時代の人身御供」となった宮様たちを慰めるために贈られ、増えていったのが発端とされている。そして、くだんの人形供養は、本覚院宮歿後も夜回りをやめなかったという万勢伊さんから魂を抜く儀式を事の始まりとしているのだ。
　閉ざされた世界に生きる夢見がちな少女の孤独が、それらに生命を与えたとしてもなんの不思議もない。また、そんな夢想がこの美しい檻に幽閉された少女たちの心のなかでリアリティを持ったとしてもなんら違和感はない。
　万勢伊さんの言い伝えは、怖いというよりむしろ哀しい物語といえよう。
　あるいは本覚院宮には、式神を使役した安倍晴明めく〝力〟があったのだろうか？　緋縮緬の裾を捌いて、さり……さり……さり……と万勢伊さんが想像のなかをいざり歩き始める。

異形-05 【夜叉神】

❼ 東寺（教王護国寺）　南区九条町一

日本は神仏混淆である。京都にいると、とてもよくわかる。寺院には必ず鎮守社が置かれているし、廃仏毀釈を契機にその鎮守社が母屋を乗っ取った例もたくさんある。だが、実はオリジナルの寺院も元は神社だったりする。昨日の仏は今日の神。もう、なにがなにやらだ。

その挙句、京都人は家の信仰とは関係なく、神も仏もお稲荷さんも、みんなまとめて「まんまんちゃん」と呼び、宗派も流儀もあらばこそ「あん！」と拝むようになる。早い話が方便だ。宗教が近しいからこそ、宗教に一定の距離を置いて暮らしている。

遷都と同時期に、国家（王城）鎮護を目的に建てられた平安京初の国営寺院〈東寺〉。これほど由緒正しい古刹ですら長い歴史のなかで様々な変遷があった。その証人とでもいえそうなのが【夜叉神】と呼ばれる雌雄一対の彫像である。

夜叉神は弘法大師空海の作と伝えられ、いかにも荒ぶる神らしい迫力のある姿。かつては正門に当たる南大門に置かれていたが、門を通る者が礼を尽くさないときは直ちに祟ったという。そこで中門（江戸期に消失）の左右に収められることになったというのだが、これはおかしな話だ。いまのように御堂に隔離されるなら理解できるが、災い為すと知れているものをどうして、

そんな目立つ場所に移動させたのか。だが、辻褄が合わないのはそれにとどまらない。

仏教に取り込まれて護法神となった夜叉神が〈東寺〉にあるのは不思議ではない。ここに「吉凶ヲ告ル」三面六臂の〝奇神〟あり──と夜叉神についての空海自身の言及が寺伝に残る。が、こんにち【夜叉神】として祀られているものは三面六臂ではないのだ。

おそらく空海のいう中門の【夜叉神】とは、境内「講堂」の金剛夜叉明王立像のことではないか。と、ならば正門の【夜叉神】はどこに行ってしまったのだろう？

また空海は、それを【摩多羅神】だともいう。これはのちに愛染明王と習合される神。当時〈東寺〉の鎮護社〈伏見稲荷大社〉が愛染明王信仰の中心だったことを考えると納得のいく話だ。

しかし本来の夜叉神は【羅刹】とともに毘沙門天の脇侍。北方の守護神。南門にも〈東寺〉にもそぐわない。こいつは辻褄が合わない。

つまり、である。正門の【夜叉神】は、そう呼ばれているだけで【夜叉神】ではないのだ。東方を護る十二神将のお仲間だから便宜上「そうしておいただけ」ではないか。

人に災厄をもたらす異形の神を門柱に掲げるのは、さすがに外聞が悪かったからだろう。と、私は想像する。外敵を阻むため、ときには異形の奇神が必要だったのだろう。つまりは武器として。

ただ、正門の【夜叉神】はあまりにも激しい呪力を備えていたため、ひっこめざるを得なかったのだ。そのまま祀っていてはヤバイと判断したに違いない。神仏混淆のミヤコでは仏もまた祟る。仏は救う、が、神は祟る。

異形-06 【人形(ひとがた)】

❽粟嶋堂宗徳寺　下京区岩上通塩小路上ル三軒替地町一二四
❾上賀茂神社　北区上賀茂本山三三九

古来、人の形をしたものには何かが宿るとされる。宿るものの正体は知る由もない。けれど、私くらい鈍い人間ですらそれを感じることはままある。それほど人形の放つオーラは強い。

京の人形寺〈宝鏡寺〉で面白いものを発見した。それは「人形のお守り」だ。その名の通り人形に持たせるお守りだが、だからといって人形の無病息災を祈る、着せ替え遊びのパーツみたいな護符ではない。人形が不幸を招く存在にならないようにするための【封印】なのである。

説明書には「私たちの心を癒しなぐさめてくれる」はずの人形が「人を悲しい目や辛い目に遭わせるようになるとは考えたくありません」とある。いかにも京風の曖昧な表現だ。が、この後に「けれど、しばしば人形はそういうものになってしまいます。だからこのお守りを持たせて下さい」……という言葉が隠されているのは疑いようもない。

〈粟嶋堂宗徳寺〉もまた人形供養をして下さる古刹。奉納された市松(いちま)たちがずらりと並ぶ人形舎がある。以前、私はこちらでものすごく「見られている」居心地の悪さを経験した。たぶん不躾に眺めていたから、失礼ねッ！　とジロジロ見返されたのだろう。

また以前、友人宅にあったビスクドールが呼吸をしている気がしてしかたないこともあった。

一ヶ月分の給料をはたいたと聞いてエーッ！と思ったが、彼女の衝動が理解できなくもなかった。

「人形に選ばれちゃったのよ」と彼女は言っていた。

「人形が好き」な人と「人形が怖い」という人はその実、同じ理由で惹かれ、あるいは怯えている。人形に籠もる魂魄というか〝精〟というか、擬似生命みたいなものに反応しているのだ。

こうした人形の依代的性質を利用して、無病息災を願う儀式がある。六月の「夏越大祓」に付随する神事として、平安時代から連綿と続いてきた。

拝領した紙の人形に氏名と年齢を記し、それで体を撫でて穢れを移し、息を吹きかけ己の命を分け与える〝お身ぬぐい〟の儀式を施し、身代わりとして奉納する。それを神職が境内の「ならの小川」に橋殿上より流す。闇から湧きあがるような雅楽に送られ人形たちは贖罪の旅にでる。

人形は、いまだ京都人の生活に深くかかわっている。地元のお祭前に回覧板に添付されたりして、よそから移住してきた人間はちょっとビビる。都合をみて〝お身ぬぐい〟しておき、あとで世話役さんが回収して産土神（その土地と地域住民を護るカミサマ）へ納めにゆくのだ。

ほー。人形って便利だねえ。水に流す、燃やすといきゃ災難除けになるねぇ——などとはくれぐれも考えないでいただきたい。財布に入れときゃ災難除けになるねぇ——などとはくれぐれも考えないでいただきたい。水に流す、燃やすといった《浄化》を伴わぬ人形を身につけるというのはアースのない避雷針を持ち歩くようなものなのだから。どうしてもというならば〈宝鏡寺〉に

「人形のお守り」を発注してからが無難だろう。

いくつかの神社で行われているが〈上賀茂神社〉のそれが有名だろう。【人形流し】である。

異形-07 【お賓頭盧さま】

❿ 雲林院　北区紫野北大路大宮下ル雲林院町二三
⓫ 八坂庚申堂　東山区東大路東入ル金園町三九〇

「おかあちゃん、アレなに？」

洛北の古刹〈雲林院〉。母親のスカートの端をぎゅっと握り締めて子どもが訊いている。若い母親は、花が咲きこぼれるように笑って答えた。

「アレか？　アレはな、ずるむけ坊主ぇ。悪いことしたら夜中に皮を剝ぎにきはるんえ」

「ちゃちゃ違う違う。そんなもんいーひん、いーひん。アレは【お賓頭盧さん】。れっきとしたホトケさまの仲間である。かわいそうに子どもはすっかり怯えていた。

「そやで。おっちゃんも昔やられたわ。でぼちん（額）のとこにグッと尖った爪を引っ掛けてなあ、バナナの皮みたいにベローンて捲りよるんや」

てなことを言いたくなる気持ちをぐっと押さえて私は境内をあとにした。

ずるむけ坊主、もといお賓頭盧さんとは、お釈迦様の弟子で十六羅漢の筆頭に数えられる聖者。正式名称を賓度羅跋囉惰闍尊者という。釈尊の呵責を受けて涅槃を許されず、釈尊入滅後も衆生を救い続ける義務を負わされているとか。それゆえ、かくも厳しいお顔つきをなさっているらしい。

29　異形

八坂庚申堂 お賓頭盧さん

京都の寺院を訪ねると、あちこちで【お賓頭盧さん】に出会う。お釈迦様を怒らせた原因は酒らしいが、きっと酔っ払った上で子どもの皮くらい剝いだだろうと思わせるくらいに凶悪なご面相で座っておられる。もともと憤怒の相に彫られているうえに、たいがい塗装が落剝していよよ怖くなっているのだ。ほとんどが雨曝しだし、病人が患部と同じところをさすって治癒を祈願する「撫で仏」でもあるので、ずるむけ坊主になってしまうのだ。

〈雲林院〉に加え〈廬山寺〉〈引接寺〉あたりのお賓頭盧さんが私のお気に入り。奈良の〈東大寺〉大仏殿前にある像ほどの迫力はないが、いずれも押しの強い、いい面構えをなさっている。

ちょっと雰囲気は違うが、〈八坂庚申堂〉にある【お賓頭盧さん】もかなりイケている。境内中央、鎮座まします御輿の庇から、奉納された寺の名物、数珠繋ぎの「くくり猿」が甚雨のごとくぶらさがっているのである。とくに夜、ライトアップされて色とりどりの小さな布人形に囲繞されたお賓頭盧さんは近未来SFに登場する異形の生き神様みたいだ。

「おかあちゃん、アレなに？」
「アレか？ アレはな、ずるむけ坊主ぇ……」

振り返ったそこに親子連れがいた。〈雲林院〉で見た二人とは違う。と、思う。第一何年も前のことだ。同じなはずがない。知らないうちにそんな都市伝説が流行っているのか。ひょっとして、お賓頭盧さんと見せかけて実は本当にずるむけ坊主だったら厭だな、とか益体もないことを考えながら私は境内をあとにした。

異形-08 【闇の狛犬】
⓬大豊神社　左京区鹿ケ谷宮ノ前町一
＊末廣大神　伏見区深草開土口町

　哲学の道の終点近く、〈大豊神社〉は異形の狛犬がある。境内摂社の日吉社に狛猿、愛宕社に狛鳶が据えられているのだ。狛鼠もいる。縁結びのカミサマらしい。この近くに所用があるとき必ず私はここにまで足を伸ばす。一見ユーモラスだが、なにか秘密を隠しているような気がして妙に惹きつけられるのだ。
　社寺の入口に置かれた獣像は、厳密には獅子と狛犬の対である。向かって右の阿形像（あぎょう）が獅子。左の吽形像（うんぎょう）が狛犬。また本来、狛犬には角がある。獅子といってもライオンではなく、狛犬といっても犬の仲間ではない。いずれも龍や麒麟同様、想像上の動物なのだ。
　狛犬は平安時代にはもう日本に渡っていた。信仰対象をガードする守護聖獣とも、神仏から遣わされた【神使】（しんし）ともされる。が、いずれも通説であり、その来歴も目的も意外やはっきりしていない。そのあたりの謎めいた性格も私が狛犬に惹かれる理由のひとつだ。
　京都にはいくつか他にも特殊な狛犬がいる。私が一番驚いたのは〈伏見稲荷大社〉の側に建つ〈末廣大神〉の社。ここに鎮座しているのは、なんと狛蝦蟇なのである。児雷也でも祀っているのかと思ったら道教の社であった。しかし、なぜ蝦蟇？　たしかに道教のカミサマには劉海蟾な

る仙人がいるけれど、だとすれば蝦蟇の脚は三本のはずだが。

私が知る限り最も異様な狛犬は洛中の某神社に棲息している。いや、形はごく普通なのだ。しかし私はひどく胸騒ぎを感じた。

閑静な住宅街のなか。そこは由緒はあるが観光客の来るような場所ではなく、境内もさほど広くない。本殿は鰻の寝床のような造りで、賽銭箱のある正面から拝殿までが通路のようになっており、二メートルほど距離があった。神主が祝詞をあげたりするためだろうか。

狛犬は、その空間にいた。左右に配された石組みの立方体の上、なぜか二匹は拝殿のほうを睨んで。木像なのはわかった。けれど屋根が渡され、灯りひとつない内陣にあって詳細は見えない。塗られた漆が黒く沈んでいる。かなり古そうだ。正面には回れないので、背を向けた狛犬がどんな表情をしているのかは窺い知れない。

私には、それらの狛犬が、まるで拝殿に住まう者を威嚇しているように思えてならなかった。神社の駒札によれば、祀られているのは記紀神話において災厄神と怖れられる獰猛なカミサマである。もしかしたら狛犬には守護聖獣としてでも神使としてでもない別の役割があるのではないか。神を封印するための結界を閉じるという役割が。もしくは神に近づき過ぎて祟りを受けないように警告を発するための装置なのかもしれない。

薄闇の中で鬣(たてがみ)を逆立て、牙を剥いて身構える獣の低い幻の唸り声が聞こえる。

33　異形

異形-09 【魔像】

＊黄檗山萬福寺　宇治市五ヶ庄三番割三四
⓭岬神社　中京区蛸薬師通河原町東入ル備前島町三一七-二
⓮宥清寺　上京区一条通七本松西入ル滝ヶ鼻町一〇〇五-一

仏像が好きだ。そして〈東寺〉の帝釈天半跏像や、あまりに有名な〈広隆寺〉の弥勒菩薩半跏思惟像などといった美の極致はもちろん、それ以上に異形の【魔像】を愛している。
「魔」といっても悪魔、魔物の「魔」ではない。魔境や魔法といった言葉が孕むスリリングな魅力を湛えた……という意味での「魔」である。京都は魔像の宝庫だ。
まず魔像といって私が思い出すのは〈千本ゑんま堂（引接寺）〉の閻魔像。炯々たる金色の瞳は、観る人間を罪深い亡者の気分にさせる。中国・南北朝時代の実在の僧侶を写したという〈西往寺〉の宝誌和尚立像もすごい。蛹の背が割れたように顔の中央がパクンとひらき、なかから十一面観音が覗いているのだ。〈京都国立博物館〉寄託。展示品として観賞してすら総毛立つのだから、本来の御堂に置かれたらどんなであろう。想像するだにぞくぞくする。
だが、それらも〈黄檗山萬福寺〉の羅怙羅尊者像の前では印象が薄くなってしまうに違いない。羅漢さんはだいたい容貌怪異な作像が多いけれど、これは際立っている。なにしろ自分の腹を両手で裂きハラワタを見せているのだ。そして、そこには金ピカのお釈迦様の顔。

「己の内なる"仏性"を示している」のだそうだが、説明書きを読まなければ、どんな異端の神かと思ってしまいそうだ。私はクトゥルーとか古代インカの魔神を想起した。人間の脆弱さが露わになるような圧倒的な力を感じる。

この古刹には金色の布袋さんだの、華南の習俗である死者追善のための紙製家屋〈冥宅〉脇に佇む異様な紙人形【陰陽官】だの魔像がしこたまある。恐怖という感覚はしばしばユーモアと相性が良いけれど、〈黄檗山萬福寺〉はそれを証明している場所ともいえよう。ただし元気なときに行かないと、精も根も尽き果ててしまうだろう。

魔像はまたなにげない市井にも埋もれている。それらには信仰や思索性といった崇高な目的がない。ときには制作者や注文主、寄進した人間のエゴが丸出し。いわば聖性を剥奪された魔像である。これは怖い。「恐ろしいものを造ろう」という意図すらもなく生まれてきたものゆえ、ピュアな邪悪を感知してしまうとでもいえばいいだろうか。

たとえば〈岬神社〉。のちに土佐藩邸内に取り込まれたことから現在は〈土佐稲荷〉の名で呼ばれている。ささやかな祠は河原町と木屋町に挟まれた繁華街の只中にあって、時間に置き去りにされたような寂しさが漂う。で、ここにある龍馬像がそれはもう立派な魔像なのである。

きっと設置された当初はとりたててなんということはないオーナメントであっただろう。何度目だかの新撰組・幕末ブームにあやかろうとしたのかもしれない。さて、問題はこの像の顔面だ。これが見るも無残な様相を呈しているのだ。酸性雨で溶けでもしたのかと思ったら、どうも龍馬

ファンが削り取っていった結果らしい。なんともスサマじい話である。

このあたりに来るたびに、どんなふうになっているか確かめずにはおれない。なんだか破壊が進行してゆくにつれて本質が露呈してきているような気さえしてくる。じゃあ、その本質ってなんなんだと訊かれると困ってしまうのだが。私は幕末に京都で「活躍した」とされるよそさんたちが勤皇も佐幕も総じて嫌いなので、そのへんの心理も手伝っているのだろうが。だとしたら魔像の正体とは自分の内部の闇を刺激する媒体だと定義することも可能かもしれぬ。

異なるベクトルではあるが、やはり近場にいるとおれない魔像がもうひとつ。

それは〈宥清寺〉の共産党像である。

もっとも共産党像というのは私が勝手につけた名前だ。制服を着た少年少女が奇妙な模様の円盤を掲げている。銅像の顔に浮かんだ薄ら寒い自我喪失状態を思わせる表情からそう呼んでいる。寺院の境内というシチュエーションとの違和感が、像に魔を与えているのだろう。似たような例は京の寺院のあちこちにある。好き嫌いを超越して、それらから目を離せない。

きっと、このブロンズを違う場所で見たとしたら魔像でもなんでもないと思う。

怖いこわい伝説

伝説-01 【丑の刻参り】

⓯ 鉄輪の井戸　下京区堺町通松原下ル鍛冶屋町
⓰ 地主神社　東山区清水一

【扉写真】
上・耳塚
下・幸神社　塞神

　京都を飾る数々の怖い伝説のなかでも最も有名なもののひとつが【丑の刻参り】であろう。その発祥の地が、ここ。静かな住宅街の並びにひっそりと口をあける露地の奥。呪殺者の代名詞ともいえる鉄輪の女が、いまも祀られている。
　まるで彼女が槌を振るった貴船の森の、真夜中のオゾンが満ちているような独特のひんやりした空間がここには凝っている。〈伏見稲荷大社〉から勧請された〈命婦稲荷社〉の脇に控える井戸は、鉄輪の女が満願果たせず身を投げた場所ともされ、かつては弔い塚も築かれていた。
　鉄輪の女はごくありきたりの女房であった。それが旦那の浮気に正気を失い、魔が差して情動に流された。姦計を廻らせた結果ではない。ただただ呪詛を吐き出すために彼女は木槌と藁人形を摑んで都大路に身を躍らせた。
　顔に丹を塗り、松脂で髪を逆立て、五徳を頭に戴いて女は自らを鬼神に仕立てた。でなければ呪詛など叶わぬ平凡な女だったからだ。しかし同時に鬼神に身をやつせるほどの妄執に憑かれているのも事実であった。どこにでもいる当たり前の女を、そんなふうに変えてしまう嫉妬こそが化物であったといえよう。

稲荷社が町内守護の目的とともに女の鎮魂を願っての勧請だったのは想像に難くない。寛文八（一六六八）年創建というから第四代将軍、徳川家綱の代。おそらくこの頃【丑の刻参り】は伝承・俗説として民間に一定のスタイルが認識されたと考えてよかろう。

殉死禁止令が出されるなど、江戸期がまさに太平の眠りに落ちんとする時代。また、将軍宣下が京都ではなく江戸で行われることになった、ミヤコの凋落を象徴する時代でもあった。虚弱体質であった家綱の逝去を巡り、有栖川宮家親王を世継にせんがための朝廷による呪法調伏の噂がまことしやかに囁かれたのは、京都人が心に秘めた欲望の無意識の現れだったかもしれない。

ともあれ「もはや戦国ではない」という気分の広がりとともに、平安京が裏の文化として育んできた呪詛というものが再びキーワードとしてクローズアップされたのは興味深い現象だといえよう。そんな時代背景を母体に鉄輪の女は産声を上げたわけだ。安寧と不安。この二つが奇妙な均衡を得たとき、それは実体を持つ。

京にはあまたの神域に【一願成就の杉】が聳えている。伝説上では貴船（と、鞍馬の山間）にある樹を鉄輪の女はめざしたことになっているが、どう考えても地理的に無理がある。たぶん物語に現実味を持たせるために、かつて夫の心変わりに懊悩した和泉式部も赴いたとされる〝ブランド〟が選ばれたのだろう。実際は近隣の神社へと彼女は通ったのではないか。たとえば縁結びの〈地主神社〉境内にも釘跡が点々と飛び散る切り株が残る。丑の刻参りは、その動機同様ありきたりの行為として碁盤の目を覆っていたに違いない。

伝説-02 【首塚】
❶⓱ 神田神宮　下京区新町通綾小路西入ル
❶⓲ 義仲首塚　東山区八坂通下河原通東入ル金園町　法観寺境内

「願えば叶う」。恐ろしい言葉だと私は思う。そもそも願望なるものは達成の規模に等しい代価を払わねばならない。どれほど努力を重ねても、その何分の一しか報われないのがこの世の倣い。なのに願っただけで叶っちゃったら、どれだけのお代が要求されるか想像するだに怖い怖い。
「願えば叶う」は【呪い】である。もし、そんなご利益を掲げる神社があるなら、それはきっと成就と引き換えに嘆願者へ課される不幸を目的にしているに違いない。
やはりこの街は懐が深いというべきか。京の裏道はそんな呪神の祠をひっそりと隠していたりする。嘘か真かは知らねども、私が聞いた〈神田神宮〉にまつわる伝説にはゾッとするような妙なリアリティがあった。

もっとも「神宮」といっても、ここには鳥居すらない。民家と一体化しており、まるでお地蔵さんみたいだ。祭神は平将門。そう。ここは日本三大祭のひとつを主宰する東京は〈神田明神（神社）〉のオリジナルとされているのだ。あまりにも落差があってにわかには信じ難い。だが、彼が晒し首にされたのは京。本家があっても不思議ではなかろう。祠が貧相なのは、これも致し方ない。坂東ではヒーローかもしれないが、こっちじゃ朝敵なのだから。

我が強い一族の嫌われ者。身内とのトラブルの果て「ええかげんにおしやす」と朝廷に見離されると、さんざん世話になった恩を忘れて自ら「新皇」と名乗り反旗を翻した。──京都人にとって将門とはそういう男である。ある意味で彼も、「願えば叶う」教信者であった。

乱の鎮圧後、七条河原に晒された生首はカッと目を見開いたまま夜ごと「体はどこやー！」と怨嗟を撒きちらしたという。往生際の悪いヤツ。現在の〈神田神宮〉は、そんな惨状を見兼ねた空也上人が念仏して首を弔った塚の跡。首が大手町まで飛んでいって云々というのは、幕府が反京のシンボルとして将門を勧請し、江戸総鎮守社とするにあたっての創作縁起にすぎぬ。

京の〈神田神宮〉にまつわる伝説。それは霊験の凄まじさである。怖いくらいアラタカで、三度も参ればどんな願いも叶ってしまうのだとか。ただし、もっとも皮肉な形で。

たとえば借金の返済に困った男は、最愛の妻を失い保険金を手に入れた。不倫の恋を実らせた女性は、暮らし始めてすぐに彼がDV男だと思い知った。ダイエットの成功を望めば拒食症で骨と皮になり、合格祈願して入った学校では在学中原因不明の奇病に悩まされ続ける……。

同じように恨みをのんでいても、〈法観寺〉境内にある木曾義仲の【首塚】ではそんな話は聞かないので、やはり将門は特別な存在といえよう。彼をして〝武士の魁〟とする見方があるけれど、侍とは祟るにしても、なかなかエグツナイやり方をするものらしい。

けれどなにが怖いといって、そんな実しやかな伝説を知ってか知らずか熱心な参拝者が〈神田神宮〉にはいまだ引きも切らないという事実こそ私の心胆を寒からしめる。

伝説-03 【蛇神様】

＊蛇塚古墳　右京区太秦帷子ノ辻下ル面影町

私のある友人は、枕元に食べ物を置いておかないと眠れない。
その理由を説明するには、まず彼の実家の近所にある〈蛇塚古墳〉について話をする必要がある。
平凡な建売住宅にぐるりを囲まれた蛇塚古墳は、この一帯に散らばる古墳群を代表する遺構。
たぶん京に数ある奇景のなかでも最も異様なもののひとつであろう。まるで過去から呼び戻されて現代に突如古代遺跡が出現したかのごとき風景だ。
オリジナルは全長七十五メートルにも及ぶ横穴式前方後円墳だったが、現在は覆っていた封土がなくなり巨石を組んだ十八メートル近い玄室（棺を納める部屋）が露出した状態になっている。明日香の石舞台古墳に並ぶ日本最大級の規模で、その偉容からこの地域一帯を拠点にしていた秦氏の総領・河勝の墓ではないかともいわれている。
いまはフェンスに囲われ、敷地には花が植えられたりしているが、三十年くらい前まで蛇塚古墳には誰でも侵入できたらしい。くだんの友人によれば地域に住んでいるガキどもの恰好の秘密基地だったという。私の年代くらいまでは、そういった文化財のなかで子どもが遊べる、遊んでいるのを発見されても「コラ！」で済んでしまうほど京都は鷹揚であった。

「蛇塚古墳」掲示板より

42

そんなある日、学校が終わっていつものように蛇塚古墳へ飛んでいった友人は、そこで予期せぬ先客に遭遇した。友人に気づいたその男は、石板の陰から低く唸って幼い侵入者を威嚇したのだという。めちゃめちゃ怖かってん！　と、彼は言った。

「最初は犬かと思たんや。そやけどホームレスの人やった。あ、あの頃やしルンペンやな。ぼさぼさの毛ェで、前も後ろも判らんくらい真黒で……」

男の噂はガキ・ネットワークをたちまち伝播。だが、もちろん大人には内緒。怖い物見たさで日々集まる子どもの数は増えていったらしい。ブライアン・フォーブス監督の映画『汚れなき瞳』のようである。が、決定的に異なるのは、その噂に尾鰭はおろか角や尻尾まで生えて、いつしか男が魔物と化していったところであった。

「蛇塚の蛇を食べて生きとるらしいで」
「宇宙猿人ゴリやて兄ちゃん言うてはった」
「違うちゃう違う。どう見ても原始人やんけ」

しかし最終的に「蛇神様のお遣いなんやてさー」というところに落ち着いたのが、いかにも京都らしい。「お供えあげたらエエことあるてゆうさかい、こっそり家から食べもん持ってったりしたわ」と言って友人は笑った。

供物を奉納していたのは彼だけではなかったらしいので、喰うには事欠かなかったであろう蛇神様ではあるが、ときおりは散歩にでも出かけるのか姿を消すこともあった。好奇心に駆られた

友人はとある夕暮れどき、男がいないのを見計らってその塒(ねぐら)に忍び込むことにした。そんな冒険のタネ、そうそう転がっているもんじゃない。

古墳の内部には奉納品の残骸……パンの袋や果物の皮が散乱し、なんともいえない饐(す)えた臭いが彼を怯ませた。が、ここで引返しては男がすたる。友人は玄室の奥、芋虫のように丸められたボロ布団へと近づいていった。ひょっとして蛇神様が寝てはんにゃろか? いや、どうもそうではないらしい。恐る恐る捲ってみると、そこには――

「茶色うなった骸骨があってん。髑髏とな、ばらばらの骨が何本か。アバラみたいなんも」

その夜から熱を出して三日ほど友人の記憶は途切れている。当時、誰にも骨の話はしなかったけれど、外出許可が下りてへっぴり腰で覗きにいった古墳に蛇神様の姿はもうなかった。警察か保健所に連行されたのか、あるいは秘密の露見を知って自ら立ち去ったのか。子どもたちの間をまた根も葉もない噂が駆け巡り、そしていつしか忘れ去られていった。

しかし、いまだ友人は骨を振りかざした蛇神様に追(お)われる夢をみるという。手にした食べ物を投げ、男がそれらを貪っているうちになんとか逃げ遂せるのがパターン。だから彼の枕元にはお供えのアンパンやバナナが欠かせないのである。

44

伝説_04 【畜生塚】

⑲三条河原　中京区三条通三条大橋西詰下
⑳瑞泉寺　中京区木屋町通三条下ル石屋町一一四-一

「鴨川の河原てカップルが必ず等間隔に座ってるやん。あれ、なんでか知ってる？」

カフェで隣あわせた数人の女の子たちのお喋りに、私の耳は象のようになった。わざとらしく窓の外を眺めたりしながら「なんで？なんで？」と心のなかで先を促す。とはいえ、どうせおまじないみたいなものだろうと期待はしていなかった。が、その予想は大きく裏切られた。

語り部は、グループのなかでもいちばん地味なナリをした少女だった。

「あんな、従姉妹にマリちゃんていてはんにゃけど、短大受からはって、合コンで彼氏できて、前から鴨川のカップルが羨ましいなー思てたさかい、さっそくデートで行ってんてー」

こういう噂話の常で、その場にいる他のメンバーが知らない"個人的な友だち"に起こった出来事としてストーリーは語られてゆく。

「マリちゃんも彼氏もB'zファンでー、新曲ネタで盛り上がってるとき、ふと右側が左のカップルとの間に比べてえらい開いとんのに気ィついてんて」

また彼氏とのB'z談義に戻ったマリちゃんは、そうこうするうち異臭に気がついたのだそうだ。

夢中で喋っていたので、しっかり確認しなかったが誰かが右手に来た気配を感じており、きっと他のカップルだろうと思っていたらしい。それでも動きたくなくて我慢していたが、しまいには頭痛がするほど臭いはキツくなり、たまらずに振り返ると、そこには女の生首があった。
「皮が腐った桃みたいに捲れてて、目ェから蛆虫とかこぼれてて、口からパンパンに腫れた紫色の舌が突き出ててんー、マリちゃん叫ぶ前に気ィ失うたんやてェ！」
女の子たちはギャーギャー怖がって騒いでいる。彼女はこう結んだ。
「三条河原て昔は処刑場やったし、けっこうヤバイらしいわ。行ったあとは連れて帰らんように、そこの角のお寺にお参りしたほうがええらしいえ」
中高校生くらいの子が媒介する都市伝説としては整合性があって上出来だ。きっとその子のオリジナルではないだろう。噂の元になる、しっかりした伝承なり小説なりがあるに違いない。おそらく秀吉に殺された豊臣秀次の妻妾遺児三十九人の処刑事件あたりが元ではないかと私は思った。打ち首は並べて晒され、遺骸はその場に埋められて、まさに地獄絵図だったという。供養塔は「畜生塚」と呼ばれ、花を手向ける者もなく鴨川の氾濫後すぐに荒廃したらしい。
この墓塚を発掘したのが木屋町の高瀬川を開削した角倉了以。彼は、菩提を弔い堂宇を建立した。これが現在の「そこの角のお寺」こと〈瑞泉寺〉。繁華街の片隅、かつての惨劇を偲ばせる気配すらなく、ただひっそりと建っている。

伝説-05 【狐坂】

㉑狐坂　左京区上賀茂松ヶ崎西池ノ内町～宝が池公園前

　深泥池（みどろがいけ）の東側、お彼岸の【送り火】に「妙」の文字が灯される西山（正確にはその右手並びの峰に火床はあるのだが）がある。そのなだらかな峰を迂回して宝ヶ池トンネルに向かう細い坂道こそ、京の〝ブランド心霊スポット〟とでもいうべき「狐坂」である。ここは怪談や都市伝説の宝庫。様々な噂がまことしやかに流れている。

　が、そんなものはすべて嘘だまやかしだと証明する男がいる。いや、いた。三年前に亡くなった私の父である。職業は宝ヶ池にある結婚式場の支配人。ほぼ四半世紀に亘って、ほとんど毎日のように狐坂を通っていたが、ついぞオバケなど見なかった──というのが彼の根拠。子どものころは心霊大好き少年だった私と超常現象をめぐってよく大口論になったものだ。

　しかし悔しいかな、こと狐坂にかんしては経験に基づいた父の意見には説得力がある。ときに深泥池の西端からケシ山を越えて通勤することもあったが、たいてい彼が狐坂を選んでいたのは事実だ。とくに夜は。というのも前者のコースはガードレールもまともにない深泥池の水際ぎりぎりを走らねばならなかったからだ。

　そんなわけで父は狐坂名物、風も震えるヘアピンカーブすら目をつぶって走れると豪語してい

た。が、この道の真の恐ろしさは、ほんのちょっと外れたところに潜んでいたのである。

もはや公式文書にも「狐坂」と記載されているけれど、この道の正式な名称は「狐子坂」である。

実は、曲がりくねったこの坂道が開発される以前から、すでにこの地には狐坂が存在していたのだ。旧道と区別するための〝小〟が、ものが狐だからという極めて京都人的な理屈により〝子〟になり、やがてオリジナル狐坂と摩り替わってしまったのである。もしかしたら意図的に……。

というのも、その成り行きにどこか不自然なものを感じるからであった。

本当の狐坂は西山側からトンネルに入る直前、宝ヶ池公園のエントランスの対面にひっそりと緑に埋もれて通っている。そして狐子坂には「出ない」と断言した父も、こちらのオリジナルについては口を濁す。まだ宝ヶ池での商売が軌道に乗る前、暇に飽かしてこの一帯を冒険していた時期が実はあったらしい。大学時代山岳部だったころの血が騒いだのかもしれない。

「あ、こんなとこにも山道があんねんね」

車窓からそれを見つけた私に向かって、ほとんど反射的に、絶対に入ったらアカンで！と厳命した父。いつになく真剣な声が記憶に残っている。けれど、理由を問うても要領を得ない。普段なら、ただ「危険だから」で終わるのに、そうも言わない。超自然現象は頭ごなしに全面否定が常だった彼に、いったいなにがあったのだろう。

八月十六日の送り火当日を除いて、西山は基本的に全面立ち入り禁止である。おそらくは「妙」の字のちょうど裏手にある〈松ヶ崎浄水場〉に人が侵入して溺れたりしないようにとの配

慮であろう。が、ならば施設を有刺鉄線で囲うなり、高いフェンスを張り巡らせればすむ話ではなかろうか。なのに、そういった方策も講じられていないのだ。ここにも狐坂と狐子坂の入れ替わりと共通する違和感がある。

地図で地勢を読む限りでは、かつて宝ヶ池と深泥池は繋がっていたようである。狐坂はその痕跡。いわゆる「涸れ沢」が拓かれたものと考えていいだろう。紫式部が岩倉の〈大雲寺〉を詣でるときに牛車で越えた狐坂は、この道だったはずだ。それがいつのまにか、なかったことにされてしまった。少なくとも江戸末期には、すでに狐子坂が造成されてメインロードとして使われているのがいくつかの文献から窺い知れる。

そして二〇〇六年、またしても唐突に狐坂は姿を消すことになる。ヘアピンカーブ部に橋梁化した車両専用道が新設されたのだ。いちおう旧道も歩行者専用として残されてはいるけれど、あまりにも突然で驚いた。まるで見えないナニモノかを避けるがごとくに蛇行した、ジェットコースターのように奇妙な高架である。

狐坂には〝なにか〟がいる。父は〝なにか〟を見た。その〝なにか〟とは新たに山道を築かねばならぬほど見てはならない〝なにか〟であった。と、結局、わかるのはそれだけだ。が、確かめにゆく気はさらさらない。

49　伝説

伝説-06 【月下氷人石(げっかひょうじんせき)】

㉒誓願寺　中京区六角通新京極下ル桜之町四五三

　まさか不惑を越えて迷子になるとは思わなかった。ボケが始まったのかと本気で焦った。
　気がついたのは六角富小路、骨屋之町あたり。この一時間ばかり、まるで結界が張られているかのように、ある一定の区域から出られなくなっていた。
　東は新京極通、西は烏丸通、南は錦小路通、北は御池通。——を、踏み越えられない。そこでとりあえず大通りの御池をめざし、富小路を上がった。つもりが、いつの間にか三条通を西に入って〈イノダコーヒ〉に出会って「あれ？」とかいっている始末。
　同じ場所を堂々巡りしてしまう現象を「狐に化かされた」という。精神医学的な《症状》としてそれを説明することも可能だろう。が、原因を狐に求めるほうが科学的ではないが説得力がある。ここ京都では。たとえば「比叡山ドライブウェイ」なんか、もはや超常現象ではなく地理的特徴のひとつでもあるかのごとくタクシーの運転手らは語る。
　そんなわけで、狐だ！　と閃いた私は、やはり常識に従った。イノダで一服したのである。すると、あら不思議。店を辞して西へ歩けば何事もなく烏丸通へ出てしまった。そう。こういうときには煙草が唯一の解決策とされている。

あ、もうひとつあった。それは〈誓願寺〉があある。それは尋ね人や迷子を見つけてくれる石柱。右面に「教し由る方」、左面に「さがす方」と彫られている。

江戸末期から明治中期にかけて、雑踏に次々と子どもたちが消えてゆき、人々は恐怖した。とくに歓楽街として急激な成長を遂げたこの一帯では、雑踏に次々と子どもたちが消えてゆき、人々は恐怖した。いつしか子を失った親は〈誓願寺〉の卒塔婆に詳細を記した紙を貼って情報交換するようになり、明治十（一八七七）年、掲示板として石柱が建てられたのだ。〈八坂神社〉や〈北野天満宮〉など、当時賑わいの核となっていた社寺の境内には似たような【月下氷人石】がいまだ残る。

人間の心理というのは面白い。消えた我が子が悪党に攫われたと考えるより、神に隠されたか、天狗にかどわかされたかして帰れなくなったと信じるほうがよほど楽らしい。やがて【月下氷人石】は失せもの一般に霊験のある「おまじない」として信仰を集めるようになっていった。

そういえば以前、〈誓願寺〉境内で老婆が「アントニオ……アントーニオ……」とぶつぶつ呟きながら徘徊しているのを見かけて、ちょっと怖い思いをしたことがある。このあいだ友人にその話をしたら「そのおばあちゃん、きっとクリスチャンよ。聖アントニオは遺失物を探してくれるという民間信仰があるからね」と教えてくれた。

ひょっとして昔々、攫われた子どもをいまでも捜しているのかもしれぬ。寺院でキリスト教の「おまじない」とは滑稽だが、私は老婆の親心を思い切ない気持ちになった。こんど狐に化かされたら自分も聖アントニオの名を唱えてみるとしよう。

伝説-07 【お御籤】

＊総本家宝玉堂　伏見区深草一ノ坪町二七・七
＊吉祥院天満宮　南区西大路十条西入ル吉祥院政所町三
㉓十五大明神　中京区四条先斗町上ル西側十五番路地

私は占いのたぐいが嫌いである。未来なんか知りたくもない。なにより、たとえインチキであっても出された結果に運命が支配され固定してしまう気がするので。中華を食べた後に出てくる「フォーチュンクッキー」。あのくらいでちょうどいい。ちなみにいまや世界中の中華料理店のテーブルで見られるあのお菓子は、〈伏見稲荷大社〉参道にある〈宝玉堂〉が元祖。特許とってたら、いまごろ億万長者だったろう。

そんな私だが【お御籤】だけは別。神社を参ったときに連れが引くと、自分も続いて筮竹の筒をじゃかじゃか振っている。あらゆる八卦・卜占のなかで最も罪がないものといえよう。なにかと疑い深い京都人もこれだけは気楽にやれるのだ。

そんなわけで真剣味が足りない京の【お御籤】には凶が少ない。もっとも反面、京都人は現実家なので大吉混入率も低いそうだが。

エンターテインメントに徹する京御籤には、それゆえ珍品が多々ある。いままでで一番魂消たのは〈吉祥院天満宮〉。引くと脇にいる巨大な白馬像が大音量で嘶いて腰を抜かしそうになった。

だが、怖いといえば先斗町と木屋町を繋ぐいくつかの路地の中の一本に祀られた〈十五大明

〈神〉のお御籤にまつわる都市伝説がけっこう怖くて面白い。

昭和五十三年、この一帯で火事があった。それは当時の木造建築群をエサにして瞬くまに勢いを増した。が、なぜか突然に火の手が弱まり被害は想定外に小さかった。翌朝、住人たちが現場に出向くと類焼は十五番路地で止まっており、そこにあった店の前の信楽狸が真っ二つに割れていたという。彼らは狸が街を護ってくれたのだと噂し、感謝を込めて祠を祀った。これが〈十五大明神〉の由緒である。

「スッポコポンスッポンポン……おおきに、ようこそ、ようお参りしておくれやした」

ここの賽銭箱になにがしかを投入するとスイッチが入って「今日のあんたはんのお御籤は——」と自動音声が再生される仕掛けになっている。他愛ないアトラクションだ。結果は吉に決まっている。ところが、たまさか不吉なト占を機械が告げるのだそうだ。

「スッポコポン……大凶どす。振り返ったらあきまへん。うち、もう、そこに来てまっせ」

思わず後ろを向くと、そこには顔の焼け爛れた舞妓さんがいて、襲い掛かってくるのだとか。もちろんそれは火事の被害者であるという種明かしが、のちに語り手によってなされる。占いというものが本来孕んでいる不安感をよく表っぽい都市伝説だが、私はけっこうビビった。

ちなみに千社札を貼ってから手を合わせれば、その舞妓さんは現われないのだそうだ。

伝説-08 【反魂(はんごん)】
㉔西行庵　東山区下河原通八坂鳥居前下ル東入ル鷲尾町五二四

霊感があると自称する人は多い。私のまわりにもかなりいる。派手にパフォーマンスするでなく、みんな淡々と「死者の霊が見える自分」を受け入れているような人たちばかりである。
とりわけ霊感が強い一人が言う。
「霊がなに考えてるとか、憑かれたらどうしたらエエとか、そんなんぜんぜんわからへん。ただ、あ、あの人もう死んだはるやん……って、気がつくだけやねん」
ちょうどゲイたちがお仲間を見分ける目を持っているのと同じだと彼女は説明した。
「はっきりいうて、みんなも見えてる思うえ。そうやて認識でけへんだけで」
なら、どのくらいの割合で霊が混じっているのかと訊いたら、大きめのスクランブル交差点でわーっと擦れ違う中に二、三人くらいということだった。瞳が艶消しみたいになっていたり、表情から感情が読み取れなかったり、あるいは独特の匂いとかで判断できるとか。意識していれば、そのうち「誰でも目が利くようになる」そうだが、いらんいらん、永遠に欲しくない能力だ。
彼女の話を聞いていて、私は『撰集抄』にでてくる西行法師の「作人形於高野山」を思い出していた。寂しさの徒然に人骨からヒトを【反魂(はんごん)】の術で生成するエピソードである。文中には

54

イチゴだのハコベだの細かなレシピまで紹介されていて、なかなか興味深い。

しかし結果は──姿形は人だが色が悪い。なにより心がない。声は出るけど笛みたい。人間、心があって初めて声が声になるらしい。いや、ほんと。でなきゃ下手糞な笛と同じだ──てな具合。西行は「でも一応生きてるから殺せない」と山奥に棄てたという。……責任持てよ。

本には後日談として【反魂】のプロ、伏見の前中納言師仲卿との会話が記されている。いわく、香の使用法の間違いが西行の失敗の原因。うまくやれば本物の人間と見分けがつかない。実は宮廷にも自分が造った公卿が紛れてる。ただ、バレたが最後、こっちも一蓮托生で溶けてしまうのでリスクが高い。云々。

その話をすると、くだんの霊能女友達は我が意を得たりという笑顔になった。

「あの人ら、ソレやったんかぁー！」

なんでも、幽霊よりは稀だが、人間の形をしていながら人間でも死霊でも生霊でもない摩訶不思議なニンゲンモドキを見ることがあるのだという。

「こないだは東山遊歩道で擦れ違ったけど、〈西行庵〉に行かはるとこやったんかもしれんねー。ご先祖様のお墓詣りてゆーか」

彼女の言葉が真実か否かは問題ではない。とりあえず一緒に歩いているときにそういうのを発見しても絶対に教えてくれるな！　と念を押した。私にとって【反魂】は幽霊よりもリアルなのだ。人間の孤独や寂寥は、ときにトンでもない怪物を造ってしまうと信じているので。

伝説-09 【首の呻き】
㉕白川子安観音　左京区今出川通志賀越道角
㉖耳塚　東山区正面通大和大路西入ル茶屋町　耳塚児童公園内

　霊園の散歩が好きだ。などというとあらぬ誤解を受けそうだけれど、私は古墓地を歩くのを趣味としている。宗派にかかわらず死者の埋葬地には興味がある。外国旅行をすると必ずその土地の代表的なそれを訪れるようにしている。
　とりわけ気に入っているのがイギリスの墓場。理由は、しばしば荒涼としているところにあり、その朽ち果てた風景に詩情を感じるから。この国ほど寂寞感漂う墓地があるところはない。毎週のように徒歩二十分ほどの〈アブニー公園廟〉に赴く。十八世紀初頭に開かれた広い敷地は草茫々。鬱蒼とした樹木に覆われて昼なお暗い。
　この時代の特徴で、墓標には様々な意匠が凝らされている。目立つのは天使や翼のある女神像がその上に佇むもの。菩提を弔う近親者も絶えたのか蔦に埋もれ、首や腕のないものも多い。自然に壊れただけでなく、もがれて売られた彫刻もかなりありそうだ。
　あるとき、この墓地で奇妙な中年男性に声をかけられた。
「あなた、この首の持ち主を知りませんか？」
　彼は、両掌に包んだ天使とおぼしき石膏像の頭を差し出した。

「この首が呻いているような気がするんですよ。元の体に戻りたいって。で、どこにあるんだと尋ねると、ここの墓地だというんで時間をみつけては探しにきてるんです」

一年ほど前に骨董店で購入したものだと男は言った。不思議ですねえ。酔っ払っているふうでも挙動不審でもない。が、怖くなかったといえば嘘になる。お役に立てなくてすいません。と、ソソクサその場を離れた。しかし私は家路を急ぎつつ京都にも似た話があったのを思い出していた。

旧街道の入口で結界を閉じる道祖神みたいに四阿の下に鎮座する〈白川子安観音〉。いまでは大きなお地蔵さんといった風情だが、秋里籬嶋の『拾遺都名所図会』によれば堂々たる石彫阿弥陀仏であったらしい。近くで観察するとかつての精巧な細工がかろうじて読み取れる。

作られたのは鎌倉時代だが、一時期、秀吉がこの首を切り離して聚楽第に飾っていたことがあった。そのせいで「首切観音」「首切地蔵」の名も残る。帰る路々考えていたのは、このときの逸話。

秀吉は文禄・慶長の役で集めた朝鮮兵の首級から削ぎ落とした耳(鼻という説もあり)を塩蔵して持ち帰らせ、へいちゃらで〈耳塚〉なんてものを築いた男。そんな彼がともかくも首を元に戻した。ことの真偽はともかくよほど寝覚めが悪かったのは確かだろう。

アブニー公園廟で男に声をかけられたのは、もう一年も前のことである。以来、会ってはいない。あの日、無事に首の持ち主を発見できたのだろうか。それとも秀吉みたいに夜毎の呻き声にまだ悩まされているのだろうか。

伝説-10 【猿は招く】
㉗幸神社　上京区寺町通今出川上ル西入ル幸神町三〇三
㉘嵐山モンキーパークいわたやま　西京区嵐山元禄山町八

　小学生のころ動物園でカニクイザルに手を噛まれて以来、私は猿が怖い。哺乳類全般好きなので嫌っているわけではないのだが。そもそも噛まれたのだって檻の間から無防備に手を差し入れた自分の責任なのだ。けれど、やっぱり苦手。まるで「鬼門」である。
　鬼門といえば丑寅──北東の方角というイメージがあるけれど、それは都市における場合。鬼門はあらゆるものについて存在する。たとえば時間ならば小さい単位では【逢魔ヶ刻】といわれる黄昏どき。大きな単位では五十五年周期とも百十四年周期ともされる彗星のごとく巡りくる、災厄年などがそう。
　論理や努力の及ばぬところで、どうしても共存できないもの。それを鬼門という。これに対処するには無視が原則。すなわち「なかったこと」にするのだ。家屋の鬼門にはなにも建造物を置かずホッタラカシにしておくのが唯一の方策とされるのはそれゆえである。だって、なにをやっても無駄なんだから。
　たとえば紫宸殿を囲む御所の鬼門角が抉れているのも「なかったこと」にしたせいである。洛中を歩けば似たような凹みの例がいくらも見つかる。だが、ここにはちょっとユニークなものも

ある。その場所が「猿ヶ辻」と呼ばれるようになった由縁であるところの御幣をかついだ猿の彫刻だ。築地塀の庇の下にはめこまれ、金網に囲われている。

御所の鬼門は、オラが護る！　かかってこいバケモノどもめ！　モンキーバリアー！　的呪術力を期待したものではもちろんない。当たり前のように「なかったこと」パワーをさらに増幅させるための、これは装置なのであった。

猿には様々な神話的性格がある。一番に挙げられるのがその名の通り猿田彦命の象徴。そして、このカミサマの役割はといえば天孫降臨の際に瓊瓊杵命（ニニギノミコト）の天降りを導いたとて、物事を正しい方向に進ませる指標を示す。それが猿田彦の力。

つまりこういうことだ。くだんの像は鬼門より侵入せし災厄を、むしろ先導することでちゃちゃっと通過していただくために据えられたというわけ。

装置はこれのみではない。御所御苑外郭北東に道祖神としての猿田彦を祀る〈幸　神　社（さいのかみのやしろ）〉がある。境内は呪術的装置満載。怪しさ満点。いつ訪れても興奮してしまうお気に入りの場所である。で、さらにその延長線上、山河襟帯をなす際の〈赤山禅院〉にもまた御所のものに似た彫像が置かれている。ここまでくれば偶然とはいえまい。

赤山禅院は〈延暦寺〉の別院であることから比叡山を鬼門と結びつける人は多い。が、あんな半分滋賀に属した山などより、むしろ注目すべきは赤山禅院と御所をはさんで対称の位置に建つ〈大田神社〉だろう。ここには猿田彦の后神・天宇受売命（アメノウズメノミコト）が祀られている。つまりこの二社でミ

ヤコの鬼門方位の両脇をがっちり固めているのだ。

ところで、御所の猿ヶ辻を抜けて、そのまま真っ直ぐゆくと私的には超鬼門というもよさそうな岩田山の〈嵐山モンキーパーク〉に辿り着くのは洒落にしても上出来である。在来の野生ニホンザルを餌付けして、約百五十頭を放し飼いにしている。

親から聞いただけで記憶はないのだが、私はここで行方不明になりかけたらしい。まだカニクイザルに嚙まれる以前、お猿さんも大好きだったころのことである。大喜びで赤いお尻を追いかけ回しているうちに姿をくらました。

落ち着きのない子どもだったので一人で勝手にどこかへ行ってしまうのは初めてではなかったけれど、さすがに場所が場所なので両親は怖かったことだろう。園の事務所にも報告して大騒ぎになったのだとか。

最終的には飼育係の人が裏山の獣道を這い登ってゆく私を発見してくれたのだけれど、彼が言うには、私は私の前をゆっくりと歩く一匹の猿に導かれているようだったという。

伝説-11【清滝トンネルの信号】

❷❾清滝トンネル　右京区嵯峨清滝道門前瀬戸川町　交差点上ル

　京都の心霊スポットとして一、二を争う超有名物件【清滝トンネル】。京都人なら噂くらいは知っている。私も友達から「あんな、こないだな……」という話をなんども聞かされた。彼らは恐怖体験を期待して出かけたわけではないというのに。
　ただ、もう一方の横綱である「東山トンネル」では天然で幽霊がぎゅうぎゅう詰めらしいのに対し、こちらはより都市伝説的なエピソードが多い。直截に「見た」ではなく、なんらかの条件を満たすと「見る（らしい）」という話をよく聞く。それでいて誰もが激しく信憑性を主張する。
　条件——とは、信号にまつわる禁忌である。
　清滝トンネルは保津峡と愛宕山への分岐点に位置している。洛中から車で愛宕参拝しようとすれば必ず通る南の登山口だ。嵯峨野から西へ〈愛宕念仏寺〉を越え、嵐山高雄パークウェイ合流点を過ぎた先にある。伝説の主人公は、この鳥居本側のトンネル入口手前の信号だ。
　人々は噂する。「辿り着いたとき、見えてきた信号が青のときは進入してはならない」と。万国共通アオはススメ。なのだが、ここだけは例外のようだ。理屈はこういうことらしい。
「あそこの信号ってたいがい赤なの。それが青ってことはトンネルの中の〝なにか〟が招いてる

61　伝説

シルシなの。だから、もし青ならすぐ引き返さなきゃダメ。やり過ごして赤を待ってから次の青で出発すること。でなきゃ、どうなっても知らないよ」

極端に細い。ゆえに時間差で交互通行した清滝トンネルは、五百メートルという長さに対して廃線となった単線鉄道をそのまま利用した清滝トンネルは、五百メートルという長さに対して低い。おそらくトンネル内での衝突を懸念する心理が恐怖を生み出したのではないか。青に出会う確率はネルを抜ける前に対向車がきてしまうなんて心霊スポットにもなってからはノロノロ運転が増え、トンの発端はたいがいそんなもんだ。まして青の時間は短く、青に出会う確率は都市伝説ギーにして都市伝説はいよいよ肥大化してゆくというシステムがここでは観察できる。事故の増加をエネ

地元民にしてみれば迷惑な話だろう。普通の生活道路なのだから。あまりマナー（と、頭）のよろしくない連中が珍走団始め大挙肝試しに押し寄せてくるのだから。

たぶん、ここにまつわる話で私がいちばんゾッとしたのは、ある知人から聞いたエピソード。

夜釣りからの帰り道、彼は清滝側で道の真中をふらふら歩く人影に出くわし急停車したのだそうだ。ヘッドライトに浮かびあがる老人。手には水色の洗濯ロープ。彼が道路両脇の樹と樹を結んでそれを張ろうとしているのだと気づき、慌てて飛び出し止めに走った。ロープを取り上げると、毎晩うそうて眠れへんのや……と、完全にイッちゃってる目で老人は呟いていたという。

もしこの知人が通りかからなかったら、【清滝トンネル】には首なしライダーの都市伝説が新たに加わっていたことだろう。

62

怖いこわい寺院

寺院-01
㉚ 正伝寺　北区西賀茂北鎮守菴町七二

【血天井】

【扉写真】
上・法伝寺　本堂裏縁下の祠
下・釘抜きさん（石像寺）

どうみても顔だった。けれど顔のわけはなかった。なぜなら、その周囲に点々と残る手形の跡とさほど変わらないサイズだったからだ。一瞬、「子どもなのかな」と思った。けれど、造作のバランスは成人男子のもの。無表情に、ただこちらを見下ろしている。

西賀茂〈正伝寺〉。西大路通りをひたすら北上。やがて京都市内とは思えぬ鄙びた風景が現われ、すぐきの農家が続くその先に山際が迫ってくる。樹々の合間を分け入るように続く枝道を登ってゆくと、まるで陽だまりのようにこの寺院はある。臨済宗南禅寺派の小さな方丈だ。

一般的には比叡山を借景とした小堀遠州作の枯山水でここは知られているだろう。七五三形式に配された躑躅の刈り込みが花で飾られるころには、かなりの人たちが辺鄙な場所にもかかわらず訪れるようだ。が、混雑を避けたがる私は、まだ満開のそれを見たことがない。そもそも私がここを訪れる理由はただひとつ。広縁に張り出した庇の天井が【血天井】なのである。

もう何度目になるか覚えていないけれど、それにしても今回訪ねるまで私は血天井に顔が混じっているなんて気づきもしなかった。場所的には縁台のいちばん奥。座って庭を眺めているときに、ふと視線を感じて振り仰いだそこに顔はあった。

「えーと……」――しばらく見つめているうちに、ゆっくりと頭の中の歯車が回りだした。顔が混じっていること自体に不思議はない。でも、これはやはりおかしい。

関ヶ原の戦いのおり伏見城守備に当っていた鳥居元忠以下数百名が落城時に切腹した廊下の床を血天井は材にしている。だとすれば前のめりに倒れても、こんなにべったり判を押したように顔の跡がつくだろうか。横顔ならばまだしも。私の見上げる先にあるのは、まるで血を絵の具にして描かれたか、日光写真のごとき顔なのだ。

いったん正面の比叡山を見つめて深呼吸。心を落ち着け再び顎を上げる。……まだあった。

もっとも血天井というと強烈だけど、お相撲さんが掌に墨をつけて押したようなのが散らばっているわけではない。大半はもろもろとした赤茶色い染みである。たぶんその顔は突然に滲みでたわけではなく、以前からあったものを今回なにかのはずみで「顔だ」と脳が認識したのだろう。

精神状態によって違う形象が現われるロールシャッハテストと同じだ。

そういう意味で血天井から禍々しい印象を受けることはまずない。大原の〈宝泉院〉と宇治の〈興聖寺〉にある血天井は未見だけれど、三十三間堂の裏手にある〈養源院〉も鷹峯の〈源光庵〉もさらりとした空気が流れていた。

要はそのときどきの心のコンディション次第で、血天井は男の顔を浮かべもする。ときには花や菩薩を垣間見せてくれることもあるだろう。しかしここ数ヶ月ほど、うちの玄関先の床板にあの男とそっくりの顔が浮かんで見えるのは、なぜ、なのか？

寺院-02
❸法伝寺　【荼枳尼天(だきにてん)】

左京区浄土寺真如町八二

京都歩きを愉しくするには、いろいろと秘訣がある。

たとえば「とりあえず駒札や説明書はみんな読む。が、鵜呑みにしない」「目的のない散歩では分岐点に出会ったら細いほうの道を選ぶ」などである。わけても最重要項目として私が挙げておきたいのが、時間的に余裕があれば「全ての鳥居は潜らなければならない」というもの。どんなにささやかな境内でも、みすぼらしい社殿でも、その懐にどんな秘密を隠しているか計り知れないのが京の神社というものだからだ。

しかし、ときとしてこの秘訣は京都歩きを〝怖く〟するのにも一役買う。

京都にはタブーをさりげなく不文律で伝える文化があるので、よそさんや子どもは知らず知らずのうちに禁を犯してしまいがちである。あとから裏でコソコソ悪口いうんだったら先にちゃんと教えてよ！　と叫んでも空しく碁盤の目に響くのみ。痛い目にあわんと身に染みまへんさかい。

京都人は嘯(うそぶ)く。まあ、よほどやないと死んだりしまへんさかい。

確かに死にはしなかったが充分痛かったのが初めて【荼枳尼天】をお参りしたときのことだ。

それは〈真正極楽寺〉こと〈真如堂〉の山門、向かって左にあった。石造りの小さな鳥居はよく

ある寺院の鎮守社にみえた。ただ門前のオベリスクにでかでか茶枳尼天と刻まれており、馴染みのない祭神名に興味を引かれて私は覗いてみることにした。

細長い境内の中央に奉納舞台を改造した休憩所。その脇が社務所だった。〈法伝寺〉って、神社ちゃうんかいな。鳥居あんのに！と、思わず一人ツッコミを入れつつ本堂へ。

ちらの正式名称を見た私は、そこでまず軽いショックを受けた。〈法伝寺〉って、神社ちゃうんかいな。鳥居あんのに！と、思わず一人ツッコミを入れつつ本堂へ。

掲げられた院号は「庚申金剛尊」。ということは茶枳尼天とは道祖神なのか。ふと視線を落とすと、そこにはお百度参りのガイダンスが。真如堂の末寺らしく密教系であるのは確かなようだ。

そこには御真言も記載されていた。

オンダキニサバハラギャテイソワカ

私は何気なく口にしてみた。神仏混淆のミッシングリンクを繋いでるんだか、こんがらがらせているんだか得体の知れぬ存在だが、ここには抗い難い魅力があった。

真言を反芻しながら縁台に腰掛け、そこに一枚きり残されていた茶枳尼天の説明書きコピーに目を通すことにした。読めば本尊はお稲荷さんらしい。そのわりには付きもののコンコン様（狐の石像）が見当たらない。そして読み進むにつれ、どうやら、なかなかに猛烈なカミサマであらしゃることが判ってきた。

茶枳尼天は元々インドの農業神で、梵語「ダーキニー」の音訳らしい。後に性や愛欲を司る性質が与えられ、さらには人間の肝や心臓を食う夜叉神として恐れられた。説明書きは語る。やが

てインドを追われ、この地に降りたった荼枳尼天は空海によって鎮められ〈伏見稲荷大社〉に祀られた。つまり当山こそ稲荷信仰発祥の場所なのである、と。

それだけを読むと完全にカルトの世界である。が、のちに調べたところ荼枳尼天が天翔ける狐に乗った姿で描かれるようになったのは中世以降であり、天皇の即位灌頂で祀られた記録も残っているそうなので怪しげな外法というわけでもなかったらしい。

とはいえ、そんな事実は露とも知らず、その派手な縁起に酔いしれながらお堂の裏に回った私は「おお!」と仰け反った。

これは……お稲荷さんの出入り口? 本堂の縁の下に一メートル四方ほどの祠がはめ込んであある。陽に焼けて珊瑚色に褪せた朱の門は、あきらかに本堂(殿?)の地下奥底へと続いていた。ちょうど枯葉色の蛾が、思いがけなく鮮やかな下翅を閃かせたときのようにどきりとした。とりたてて特徴のない建物だっただけに背後に隠した遺構の奇妙さが際立っていた。

オンダキニサバハラギャティソワカ

無意識に真言を唱えながら、丸く開いた窓から内部を覗き込んだときだ。びぅ! と細かな塵芥を含んだ突風が吹いて目を潰した。

尻餅をついた私が、瞼を擦りながらこけつまろびつ境内を逃げ出したのはいうまでもない。おかげさまで大事には至らなかったが、いくら洗浄しても一週間くらい瞳からゴロゴロが取れなかった。まったく触らぬ神にナントヤラを地でゆく話である。

寺院—03 【阿亀(おかめ)】

❸千本釈迦堂(大報恩寺) 上京区五辻通七本松東入ル

鬼や妖怪は最初から怖いことを前提にした造形なので、それを見て「面白い」「奇妙だ」とは感じても「怖い」と思うことはあまりない。眼が吊ってるとか、口が裂けてるとか、人を怯えさせる視覚的要素が類型化・記号化されているケースが多い。たいがいの本当に「怖い」ものは暗い音のない世界で〝図らずも〟生まれてくる無意識の産物ではなかろうか。むしろユーモラスを目指した造形から恐怖はじんわり滲み出ていたりする。

たとえば、それは【阿亀】だ。

鼻が低く、頬が丸く張り出した下膨れの福相で、そこから「お多福」とも呼ばれる女性像。縁起のよいシンボルとして酉の市の熊手飾りなどにも使われる。記号という意味では怖いファクターなどどこにも見当たらない。のに、はっきりいって怖い。

その造形の異様さを思い知ったのは〈千本釈迦堂〉でのこと。ここの境内には巨大な【阿亀】のブロンズ像があって、それだけでも気の弱い子どもならヒキツケを起こしそうに恐ろしい。こういう像は実物大以上にしちゃいけないと思う。

特別展で、当山に奉納された阿亀コレクションを拝観させていただいたときなど、もう、胸が

69 寺院

ハクハクしてしまった。東京・谷中《全生庵》にある三遊亭圓朝の幽霊画コレクションを見せていただいたときよりも、ずっと「怪奇なものと接触した」気がした。

芸術性なんていうものとは無縁の、原初的で猥雑で狂暴なエネルギーがその阿亀たちには横溢していた。阿亀の起源は天宇受売命に求められるという。《千本釈迦堂》には、そんな阿亀の原像が有する性愛・和合の神的な性質を剥きだしにしたものが数多く納められていた。

過剰に豊満な肉体。乳房や陰部を露わにしたおおらかな反面、ソフィスティケートされた近代以降の女性美に慣れた目にはひたすら異様だ。また、制作者がこれでもか！と阿亀の顔を歪ませている。並外れて醜いのは、並外れて美しいのと同義のパワーが宿るからだ。

そんな彼女らが巨大な陽物を抱き、繰り、振り上げて、我々に「性的であること」を迫る。これを怖いといわずしてなんといおう。

もっとも千本釈迦堂は和合神として阿亀を祀っているのではない。境内にいるのは本堂を建てた棟梁の窮地を助言で救った妻女おかめである。のちに「差し出がましいことをした」と己を恥じて自殺した、その犠牲精神を称えて菩提を弔っているのだ。

応仁・文明の乱を経て、街のど真ん中にあるにもかかわらずこの本堂は類焼を免れた。鎌倉時代初期、創建当時のままの姿を保つ国宝である。奇蹟というのは容易いが、なんらかの力に護られているのではないかと考えたほうがむしろ自然なのではないだろうか。

だとしたら、それは阿亀の執念に違いない。彼女は自ら人柱となったのだから。

寺院-04 【志明院(しみょういん)】

❸志明院　北区雲ケ畑出谷町二六一

ずっと以前から洛北に「物凄い寺」があると聞いていた。そこはホンモノの魔窟で、中途半端な修験者では近づくことすらできない魑魅魍魎の住処。ミヤコを追われた妖怪変化たちの最後の砦。みだりに口にすることさえ憚られるので、寺院の名は固く伏せられている……と。

「なーんや。岩屋不動さんのことかいな」。──その正体が〈志明院〉なのだと聞いた私の落胆ったらなかった。地味なぬらりひょんが妖怪の総大将だと知ったとき以来の拍子抜けである。

いや、〈志明院〉がツマらないというのではない。あそこは美しい。石楠花の群生が咲く季節には桃源郷の風情が愉しめる。役小角(えんのおづの)の草創とされ、ミヤコができる百五十年前からの聖地だ。天長六（八二九）年に空海が再興して以来、背後の岩屋山全体が山岳道場となり大いに栄えた。鬱蒼とした老杉巨檜の森に奇岩怪石が犇めきあって、そこはまさに仙界を思わせる。歌舞伎狂言「鳴神」の舞台となった〈護摩洞窟〉。険しい山径の果てに聳える三十メートルはあろうかという巨岩盤〈神降窟〉。その岩頭には懸崖造りの〈根本中院〉が掛かっている。観る者の畏怖心を呼び覚まさずにはおかない凄まじい眺望の連続である。

寺院側は山門内風景の露出を徹底的に管理している。荷物は携帯電話も含めすべて入口で預け

ねばならぬ。基本的に取材拒否なので、よほど古い出版物でもない限り自然の偉容と数々の堂宇が融合した岩屋山独特の奇観にはお目にかかれない。京に残された稀有な秘境といえよう。

かくて魑魅魍魎たちはパパラッチを逃れ、この地に居を構えたわけだ。

志明院では怪異が風聞ではなく現実として語られることが多い。ここが魔窟とされる最大の原因かもしれない。司馬遼太郎氏は「雲ヶ畑という妖怪部落」（「旅」昭和三十六年十月号）のなかで、こちらで経験されたポルターガイスト現象について記し、「信じられないなら行って見よ」と断言している。宿坊に泊まれば誰だって怪異音漬けの一夜を過ごせるだろうと。

ほかにも山本素石氏の「志明院の怪」や長坂秀佳氏の「彼岸花」など志明院に材をとった作品は多い。長坂氏は舞台とした寺院の名を明かさない、と、明かしたので、名声はいよいよ高まった。というか、室町時代の寺伝に始まり、現在でも志明院の住職自身が物の怪の跋扈を認める発言を繰り返している。ナニモノカの存在は、お墨付きを与えられたも同然。公的事実なのだ。

役小角に始まり、空海、菅公、惟喬親王、様々な神話的人物が志明院に逸話と手跡を残している。なにが起こっても不思議ではないだけの説得力ある景観の中に身を置いて、人々は怪異を夢み、魑魅魍魎を幻視する。

しかし、私が志明院で感じる最大の恐怖は、あまりにも現実離れしたその美しさであったりする。現実に返れなくなってしまいそうな気がするからだ。想像を越える怪異と美観。どちらが人をより畏怖させるかという話だが、答えるのは志明院を観てからにすべきであろう。

寺院-05 【地蔵堂】
㉞ 真如堂(真正極楽寺) 左京区浄土寺真如町八二
㉟ 南禅寺 左京区南禅寺福地町八六

白面金毛九尾の狐が化身した【殺生石】。玄翁和尚に砕かれ最期を迎えるまで、岩塊は毒気を噴いて旅人を害したとされる。〈真如堂〉には、その割れ石で彫像した「鎌倉地蔵」がある。

"気"の病に効能があり、無実の罪を晴らしてくれるというご利益がいかにもで面白い。

京都には〈鵺(ぬえ)大明神〉や〈酒呑童子首塚〉など妖怪を祀る場所は少なくない。まず、ひとつは本堂で殺生石のカケラ入り御守が売られていたこと。もはやご利益の有無なんてどうでもいい。即購入した私であった。払う段になって腰を抜かした記憶はないから普通の値段であったと思う。

そして、もうひとつ。驚きはその鎌倉地蔵堂内にあった。真っ暗でなにも確認できなかったけれど、撮影したデジカメ画像を家に帰ってコンピューターに読み取らせた私は息を飲んだ。お地蔵様そのものは妙に新品ぽいこと以外ごく普通のお姿であった。が、その足元に置かれた一枚の札が心臓に悪かった。

「お地蔵さんが見てござる。」

それも杉板に墨痕淋漓と筆書きされたものではなく厚紙にマジック。しかも丸文字。

あのとき地蔵堂の闇のなかから、このお地蔵さんが私を見ていたのかと思うと、羞恥と贖罪と恐怖がない交ぜになった気持ちがこみ上げてきてなんともいえなかった。手ぶれしないよう格子戸にレンズを押しつけファインダーを覗く浅ましい姿を教えられた気がした。
それは鎌倉地蔵だけに限らない。あらゆる地蔵堂、あらゆる伽藍に住まうカミサマたちは、こちらから見えずとも、それまでだって私は何度もイエローカードを提示されてきているのだ。
振り返れば、それは「絶景かな」で知られる〈南禅寺〉の三門に登ったときのこと。ここには大坂夏の陣で戦死した一門の武士たちの冥福を祈る釈迦座像と十六羅漢が奉納されている。寄進者である藤堂高虎の一族歴代の位牌も置かれた神聖な空間である。
だが私はそんなこと思いつきもせず暗がりにぼんやり輪郭を浮かべる彫像たちを捉えようと夢中だった。と、そのうち、ほんのりと線香の匂いが漂ってきた。ここはお寺だし、そんなに奇妙なことではない。風に乗ってきたか、それとも楼閣内で焚かれているのかもしれない。そうこうするうち香りがどんどん強くなってきた。しまいには鼻から息を吸うと痛いくらいの刺激臭に変わった。目に涙が滲む。私は慌てて三門を降り、狭い急勾配の階段で足を滑らせて、まるで蹴り出されるように最後五段ほどを転げ落ちて向こう脛をしたたか打った。あれくらいで済んで感謝しなければいけないのだと、いまにして思う。ともあれ撮影禁止でなくとも照明のない御堂内はみだりに写すべきではないだろう。

寺院-06 【釘抜きさん】

❸⓶石像寺　上京区千本通上立売上ル花車町五〇三

正式名称〈石像寺（しゃくぞうじ）〉。だが誰もが「釘抜きさん」と呼ぶ。狭い境内は地元の京都人たちでいつもいっぱいだ。

釘とヤットコがついた奉納板をビッシリまとった御堂は、小体だが見る者にある種の感慨を与える。それは、ここを訪なう人々の祈りが長い歳月をかけて磨き上げた姿だからである。観光客しかこないような国宝の社寺よりも、「釘抜きさん」は京都人によほど愛されている。

いまはロンドン暮らしの私だが、京都に帰ると近所だからというだけでなく必ず立ち寄る。実家に住んでいた頃など入り浸っていたといってもいいくらいだ。なぜって、境内の縁台に座って、そこに集まってくる年寄り連中と話すのが堪えられない面白さだったから。お寺が振舞ってくださる渋茶を啜りながら洛中耳袋（こた）を堪能したものだ。

あるバーサマの悩みは隣人の騒音であった。眠れないほどではないが、一晩中続くのでとにかくイライラする。注意をしようと試みたが、いつノックをしても部屋にいたためしがない。

「そやし大家さんに相談してんわ。そしたら、どうえ？　うちの隣、空家やってん。もう、ずー

と、だァれも住んだらへんかってん」
　そこで釘抜きさんに願を掛けにきたのだという。「鰯の頭も信心から」。その目に見えない隣人がちゃっちゃとドコへなと引っ越してゆきますようにと私も一緒に手を合わさせてもらった。
　ここで耳にした霊がらみの話はそれだけではない。
　聞かせてくれたのは老女というにはまだ若い、色香の残るご婦人で、どうやらすぐそこの上七軒の女将さんであるらしかった。彼女を悩ませている原因は【狐憑き】。なんと舞妓さんの一人がそうなのだという。ほんまですか？　と目を剝くと、彼女はよくぞ訊いてくれましたとばかりに膝を乗り出した。まあ、こんな場所でもなければ愚痴れないような内容ではある。噂にでもなったら商売あがったりだろう。
「可愛らして座持ちもようて、ほんまにええ子ォですねわ。それが春前くらいからおかしゅうならはって……。お座敷でえらいこと暴れ回らはりますねん」
「お遊びがありますやん。『とらとら』とか『金毘羅ふねふね』とか。興に乗って興奮してしもたら、もうわやくちゃですわ。泡吹いて倒れはるまでチェつけられしまへん」
「こないだなんか踊りの最中においど絡げて（お尻捲って）オシッコしてしまはへん。どこぞのお稲荷さんで貰てきはったんかもわからへん。そやなかったら、お稽古熱心が過ぎて長唄の「狐提灯」かなんか習わはったときに憑いてし

もたんかなあ——と、それは心配そうであった。

金糸銀糸の縫い取りがはいった真紅の振袖を翻し、花簪を挿した頭を振り揚げ、裾を乱して黒檀の座敷机に立ちはだかる白塗りの舞妓さんを私は思い浮かべていた。空想のなかでは地方のお姐さんが三味線でドニゼッティの歌劇『ランメルモールのルチア』第三幕「狂乱の場」を奏でていた。その眺めは凄惨で、しかし例えようもなく美しかった。

黙ってしまった私に気を遣ったのか、彼女は女将さんの顔に戻ってコロコロと笑った。

「まあ、嚙まれたり引っ掻かれたり、オシッコが好きなお客さんかていはるし、そない悲観することもおへんけどな。おべべのクリーニングは花代に乗っけたらよろしわ」

そ、そんなもんなんですか？　と白昼夢から覚めた私は言葉を詰まらせた。彼女は眉を上げて、艶然と言い切ったものだ。

「そやかて【狐憑き】なんか、しょっちゅうあることですやん」

そうですか。しょっちゅうですか。

しかし、隣家のポルターガイストだの狐憑きだの、釘抜きさんもご苦労様なことである。人生にはときとして想像もつかない五寸釘(トラブル)が打ち込まれるものらしい。この小さな寺院は、まるでそんな厄介事の標本箱みたいである。

寺院―07 【送り鐘】

㊲矢田寺　中京区寺町通三条上ル天性寺前町五二三

三条界隈の寺町や新京極あたりで〈矢田寺〉の梵鐘の音を知らない人間はいない。なぜならここでは一年三百六十五日、朝から晩まで鐘音が響いているからである。参拝人が自由に撞けるようになっているので、好奇心から試してみる人が後を絶たないのだ。

小さな寺だから鐘楼はない。本堂の前、それは天井から釣りさがって賽銭箱の上に浮いている。ちょっとシュールな眺めである。

鐘の音は深く澄んでいる。が、さほど嫋々と余韻は残らない。近所に住んでいたらウルサくはないかと他人事ながら心配になるけれど、とても地域住民に愛されている寺院という印象がここにはある。境内を屋根のように覆う三百灯もの赤い奉納提灯のせいかもしれない。

〈矢田寺〉の鐘が造られたのは応安五（一三七二）年。ちょうど足利義満が征夷大将軍になって室町幕府が落ち着いてきたころ。南北朝統一も目前の時代である。そんな世相を背景に、当院が創建した理由は、おそらく人々が「鎮魂」なるものを求めだしていたせいではないか。

というのも〈矢田寺〉の梵鐘は【送り鐘】と呼ばれ、その響きは死者の魂を迷わせずあの世に送り帰す力があると考えられているからだ。間近に"死"があった混乱の時を経て、人々にそれ

らの魂を想う余裕がようやく生まれてきたということだろう。

送り鐘は、現在では〈六道珍皇寺〉の【迎え鐘】の対として称される。お盆の終わり、八月十六日には五山の送り火に合わせて鐘撞き行事が催される。血縁者を失い初盆を潔斎する者たちが挙って訪れ、あらためて死者とお別れをするわけだ。

さて、そういう特別な期間を除けば〈矢田寺〉は毎晩十九時に閉門する。ところが、それ以降も鐘の声が聞こえることがあるという。眉唾な話だが、もはや当たり前の現象として地元民は受け止めており、怖くもなんともないそうだ。もっとも丑三ツ刻にゴーンとやられると「勘弁してェな」とは思うらしいが。むろんウルサいからという意味ではなく。

なにしろ「寺町」というくらいで町内に一軒は寺院のあるお土地柄。どこかに宵っ張りだか酔っ払いだかのボーズがいるのかもしれない。しかし特徴のある送り鐘の音を聞き違えるはずがないと彼らは口を揃える。ならば無人の境内で、いったい誰が。

どうしても彼岸にうっちゃりたいお知り合いの霊がいる誰かが忍び込んで鳴らすのか。いいかげん帰ってもらいたいのに居座られて困った人が藁にもすがる思いで頼み込んで撞いてもらっているのか。それともこの世で迷った魂魄が自ら利用しているのかも……。

まあ、いろいろ詮索するよりも、こういうことは空耳扱いで聞き流すのが、いちばん無難な選択というものではあろう。寺町のみなさんがそうしているように。底冷えや油照り同様に都市の個性として受容してしまうことが、きっと肝心なのだ。

寺院-08 【清水の舞台】
❸ 清水寺　東山区清水一

　夜の〈清水寺〉を拝観するチャンスに恵まれた。ちょうどイギリスからのお客さんがあったので一緒に出掛けることにした。おりしも東山では「花灯路」なる企画が行われている。寺へと至る道端に露地行灯約二千四百基が設置されるのだ。いい思い出になるだろうと思った。けれど、それにしたってすごい混雑であった。産寧（三年）坂など身動きが取れない。それでも宵闇の坂道を点々と照らす行灯は美しく、私は幽玄に浸るべく精一杯想像力を働かせた。
　そのとき、ふと思い浮かんだのは飛行機の誘導灯であった。面白いことに、そのうち灯りに飾られた遊歩道が、まるで彼岸への通い路のような気がしてきた。清水さんへ向かう人々の群れはしだいに半透明になり、まるで幽鬼の行進だ。私たちは、あの世をめざす亡者であった。
　あとになって訊いてみると英国人の友達も似た感想をそのとき持っていたらしい。そんな妄想を喚起するような意図が働いていたわけではなかろう。けれど、もしかしたらあのあたりの小路にもともと宿っていた性質が花灯籠の光に目を覚まして影響を与えていたのかもしれない。どんなに観光客の手垢にまみれようと聖性を失わない不思議な寺院である。そんなふうにして辿り着いた清水寺は、やはり「特別な場所」であった。

清水寺　奉納舞台

奈良時代末に延鎮上人が草庵を結び、のち延暦十七（七九八）年に坂上田村麻呂公が霊験を得て壮麗な伽藍が築かれてより、ここは常に京のシンボルであった。現在の建築は徳川家光の寄進だが、くだんの懸崖造りは中世には完成していた。『今昔物語集』に最初の飛び降りが紹介されている。

この寺がかくも愛される理由は〝恐怖〟ではないか。

花灯籠で想像力が温まっていたせいか、そんなことを思いついた。空に張り出したここの奉納舞台に佇むとき、誰もがリアルに「そこから身を投げる自分」の幻想を見ないではいられない。

その怖さが人々を惹きつけてやまないのだ──と。

かつて大勢が欄干を越えたという事実。「命を落とすかもしれない」「落とさないかもしれない」という微妙な高さ。美しい風景のなかで逝きたいという《死への欲求（タナトス）》。それらが相俟って、めくるめく仮想現実が押し寄せる。そんな場所、まずないだろう。

ところで、夜間拝観のおりに撮影した写真に奇妙なものが混ざっていた。デジカメだから、それこそ舞台の上だけでも何十枚とシャッターを切っているのだが、そのなかの数葉に奇妙な男が写りこんでいた。暗くて顔の造作まではっきりしないが背格好からして同一人物だろう。

私はフラッシュを焚かずに撮ったので、いずれもかなりシャッター開放時間が長い。近頃の手ブレ防止機能は素晴らしくて風景はいずれもクリア。けれどその場にいた観光客たちは、それこそ幽鬼のごとく流れる影になっている。なのに、ただ一人、その人物だけが微動だにしなかったようにくっきりと暗い舞台の上で真直ぐにこちらを向いていた。

寺院-09 【仏様が見てる】
㉟ 熊野神社衣笠分社　北区小松原北町一三五‐三〇
㊵ 佛勅山顕正寺　中京区西ノ京車坂町一五‐一二

　京都は「宗教都市」だといわれる。むろんこの街には神社仏閣が多い。が、観光客が集まる有名社寺をいくら巡っても、ほんとうの意味での宗教と都市との密接な関係は感じられない。たとえばなにもないところにかつての大伽藍の在処が示されているのを発見したとき。どう見ても普通の民家でしかないお宅に〈○○宗××寺〉と表札があがっているのに気づいたとき。我々は初めて「宗教都市」なる怪物のおぼろげな姿を垣間見る。
　京都人は神仏と近しい。そしてご近所付き合いが長いだけに、ある種の距離感を大切にしている。この街には「阿弥陀の光も金次第」「差し引きすれば仏様に貸しがある」といったシニカルな物言いがある。お布施を出さない者にはホトケサマの救済は届かない。お布施を出したとしても、その金額に比べて貧相な見返りしか期待できない。すなわち、それはホトケサマへの「貸し」だ─という、なんとも罰当たりな考え方である。そのくらい醒めているのだ。
　そんな土地柄のせいか、存外京都を本拠にした新興宗教は少ない。ホトケサマに「貸しがある」と口に出してしまえる人種は騙し難い。京都で活動しているとすれば、よそさんを釣るためのエサとしてイメージを利用しているからだろう。

だがその反面、それだからこそ様々な宗派が共存してしまえる性質もこの都市は持っている。多少ヘンテコでも京都人は「まあ、そういうカミサマもいはるやろなあ」と深く考えずに受け入れてしまう。岩石や樹木、動物、ときには妖怪までもが祀られる。

だからというわけでもなかろうが神殿や仏閣もしばしば異様なものが現出したりする。巨大ロボットの頭部みたいな〈熊野神社衣笠分社〉とか初めて見た者は絶対に拝殿だなんて気づかないだろう。二条駅の裏あたりをブラブラしていて出合った〈顕正寺〉なども、奇妙な社寺建築を見慣れているはずの私ですら「なんじゃこりゃ」と声をあげた。

とにかく建物全体がまるで煤をまぶしたように真っ黒なのだ。漆喰壁はもともと塗られていた地の樺色が斑に透けており、そのうえを枯れかかった蔦がかさぶたのように覆っている。屋根から犬矢来まで鉄条網が張り巡らされて、まるで要塞の佇まい。

さらに奇妙なのは二階部の堅く閉ざされた唐窓の脇に備えつけられた巨大なスピーカー。説法を放送するためだとでもいうのだろうか。だとしたら、その横にある監視カメラはいったいなんのために。僧侶が道ゆく人々を偵察しているのか。仏様が見てるのか。

はたして顕正寺がカルトなのか、ただ変態建築好きの和尚さんが設計したおかしな堂宇なのか、あるいは邪教の枢機卿が潜む魔窟なのかは知る由もない。けれど妖怪だろうが見られていようが、なんにせよ「貸し」があることに変わりはない。

寺院-10 【化野(あだしの)】

❹化野念仏寺　右京区嵯峨鳥居本化野町一七

　真昼なのに薄暗い。嫌な空気が澱む場所。漂う瘴気にたじろぐ空間が存在する。そんなとき「わけもなく恐怖した」ことに恐怖する。論理性を失い恐怖の原因を探れない自分が怖いのだ。
　そういう意味で、たとえば様々な噂があり、多くの人々に畏れられる《化野念仏寺》などはちっとも怖くない。皆がここを忌避する理由が素直に理解できるからだ。
　荒涼たる無縁仏の群れを見れば、そりゃあ感じるものはある。平安時代からの葬送地「化野」の土中から掘り出された八千体もの石像、石塔、無縁仏が犇めく眺めは特別な景色である。なぜ人が化野念仏寺に禍々しい幻想を抱くかといえば、それは、その風景が《彼岸のメタファー》だから。実際、あれほど直接的に死後の世界を具現化した場所はそうない。墓石がどれだけ並んでいても、それらは供養という浄化のプロセスを経ている。ゆえに人々は安心できる。そんな正規の手続きを踏んでいない念仏寺の無縁仏たちはケガレを想起させ、そこに立つ者は否が応でも鎮魂に参加せねばならぬ。それはすなわち死と向かい合う作業に他ならない。
　この寺院に広がる怖さは、すなわち死の怖さなのだ。
　このあいだ久しぶりに化野念仏寺へ行こうとして、記憶を頼りに歩いていたら思い切り迷って

しまった。ふだん碁盤の目で生きている人間は方向感覚がユルい。

嵯峨、清滝道を件の幽霊トンネル方向に直進。〈清凉寺〉を過ぎてすぐ大覚寺道の交差点を左に曲がらねばならぬところを右折してしまった。その先でトンでもなく剣呑な場所に出会うことになろうとは考えもせず、私は高雄へと続く坂を道なりに上がっていった。

看板には「〇〇苑」と記されていた。どうやら墓地らしい。化野念仏寺でないのは確かだが、いったいどんなだろう? と、好奇心のままに覗いてみることにした。

お彼岸にもかかわらず誰もいない。墓標ともモニュメントともつかぬ夥しい石柱群。大理石球を乗せた角柱には「ユダヤ キリスト イスラム教式平和祈願供養塔」と表示がある。私自身は宗教を持たない。が、故人が拠り所としてきた神を無視して、ひとつの形式に収めるというのはどういう感覚なのだろう。京都は神仏混淆だが、これはちょっと過激だと思った。

「佛式」「神式」「儒教式」などと書かれた他の石柱の能書きを読むうちに私の混乱はいよいよどくなった。論理性が吹っ飛ばされてズキズキと頭が痛んだ。とにかく早くここから離れろと理性が叫ぶ。あわてて私は逃げ出した。

思えば、あれもまた臨死体験の一種ではあった。ただ、その死が無縁仏とはまた異なる形で蔑ろにされていた。百年、二百年後、あれら石柱群もまた念仏寺の一部となるのだろう。きっとそのとき初めて、あそこに睡る者たちの魂は供養されるに違いない。化野念仏寺は京都という土地の浄化を促すシステムでもあるのだと私は思い至った。

怖いこわい神社

神社-01 【御旅(おたび)】

❷今宮神社旅所　上京区大宮北大路下ル若宮横町

毎年五月が巡ってくるのが本当に楽しみだった。柏餅が食べられるからだけではない。なんたって〈御旅〉がやってくるのだ。

私が住む西陣の産土神——その土地と、地域住人を護るカミサマ——である〈今宮神社〉例祭といえば四月の「夜須礼(やすらい)(安良居)さん」が有名。けれど、子どもにとっては花笠をくるくる回して歌い踊る奇祭の風物よりも、そのあとに来る「今宮さん(渡御祭・神幸祭)」のほうがよほど大事であった。

お祭りのあいだ〈今宮神社〉の神輿が氏子たちの暮らす各町を練り歩くために駐屯するのが〈今宮神社旅所〉。その通称が御旅。むろん地元西陣のガキたちの目当ては、この御旅に集まる絢爛たる屋台と夜店の数々である。私たちはこの年に一度の大イベントそのものを「御旅」と呼んで、そりゃあもう心待ちにしていた。

ピンクのひよこを釣って三日間で死なせてしまったこと。必ず最後に型を抜き損なって悔しかったしんこ板のこと。魔法のように鳥や動物を創造する飴細工師の指にみとれたこと。薄荷パイプ。覗きカラクリ。地獄巡りの絵解き講談。想い出は尽きない。

【扉写真】
上・源融河原院址大明神
下・住吉神社　人丸神社

けれど、なんといっても御旅のハイライトは見世物小屋であった。わけても私の印象に残っているのが「秋吉台の蛇女」。初めて見ることを許された年に掛かっていた演し物だったからかもしれない。境内の片隅にカーキ色のテントが張られ、立て看板にはコブラの絵や煽情的な惹き文句が躍っていた。

年上の従姉に手を引かれ、どきどきしながら入場した内部には舞台も背景もなく、ただロープが渡してあるだけだった。その向こう側、ざんばら髪の女が襦袢姿でパイプ椅子に座ってうなだれている。ざわめきを浴びながら微動だにしない。

客が満杯になったところで弁士登場。親の因果が子に報い式の講談調で蛇女奇譚を語り始める。なんでも彼女は秋吉台に捨てられた憐れな孤児で、蛇を食べて生き延びていたところを発見されたのだそうだ。みんな馬鹿にした様子もなく真剣に聞き入っていた。現代より単純というか純粋というか、いや、きっと物事の愉しみ方がよく解っていたのだろう。

ひとしきり語り終えた弁士が、蛇女の前に置かれていた柳行李の蓋を持ち上げると中には青大将がくんずほぐれつ蠢いていた。観客の悲鳴。どよめきが収まるのを見計らったかのようなタイミングで彼女は行李に手を突っ込むと、一匹の首根っこを摑んで引き摺りだした。

みんながハッと息を飲む。と、やおら女は蛇の頭を丸齧り。食い千切ってペッと地面に吐きだした。小さいからと最前列に並ばせてもらっていた私の足元に、それはコロコロ転がってきた。ただ呆然とそれを眺めていると、ふたたび痙攣めいたざわめきが見物客に広がった。

前を向き直ると蛇女はのけぞるようにして青大将の胴体を扱き、血を啜りはじめていた。彼女の白い首には蛾が止まったような形の大きな赤痣があって、ごくりごくりと喉が動くたび、それは翅を震わせているみたいに見えた。いま思えば、どう考えても子どもに見せていいような内容ではない。倫理基準なんて、まだあってないような時代であった。

あれから四十年近くが過ぎて、現在の御旅はすっかり荒れ果てている。塗料が剝れて斑になった鳥居がなんとも侘しい。境内は完全に駐車場と化している。まず生気というものが感じられない。十八世紀末に建造されたという神輿堂こそ健在だが、それもただの壊れかかった木造バラック倉庫にみえる。お祭りは細々とでも続いているのだろうけれど、かつての賑わいは望むべくもないだろう。

このあいだも、すぐそばの中華料理屋でラーメンを注文して「寂れてもたねぇ」と割り箸を弄びながら独り言を呟くと、「もーアカンかもしれんねぇ」と妙に真剣な声がカウンターの向こうから返ってきた。返事など期待していなかったのでドキリとした。

はい、おまっとうさん――と、鉢が置かれ、おおきにと顔を上げる。目の前でもっそりと微笑む初老の女店主の喉に、どこか見覚えのある赤い痣が汗に濡れていた。

神社-02 【七野神社】

❹❸櫟谷七野神社　上京区大宮通廬山寺上ル西入ル社横町二三七

「来んなよッ！」
いきなり甲高い叫び声が砂といっしょに降ってきた。石段の上に制服を着た女の子が立っていた。骨格標本みたいに痩せて、不自然なくらい背が高い子だった。

西陣の住宅街の奥の奥。入り組んだ露地の果て。ぽっかりと抜け落ちたみたいに祀られた〈七野神社〉。その拝殿参拝を不意に妨害されて、わけがわからず私はその場で固まった。

「見られると、ダメなんだよッ！」

また、砂が降ってきた。『和漢三才図会』に手長足長というコンビの妖怪（？）が載っているが、彼女の印象はまさしく「手長を背負った足長」であった。脂気のないショートボブの前髪に瞳は隠され、その表情はわからない。けれど私に近寄ってほしくないという強烈な意思はひしひし伝わってきた。

どうしたかというと、どうもしない。目的があっての参拝ではない。「すんまへーん」と鬼嫁に虐待される姑みたいな声を出して、その場から遁走した。

かつて、ここほどアカラサマに怪しい神社はなかった。

もともとは上下の賀茂（鴨）社に仕えて祭祀に奉仕する未婚の内親王「斎王」の住居である斎院があった。その縁で、五、六年程前から〈下鴨神社〉氏子有志による整備が進んでこざっぱりしてしまったけれど、それまでは京都でもっとも胡乱な空気が渦巻いている場所だったと思う。いわゆる心霊スポット的な怖さとは根本的に異なるけれど、なんというか精神を蝕まれそうなササクレた磁場が境内を覆っていた。

荒廃していた当時の様子は筆舌に尽くし難い。拝殿は柱といわず壁といわず「サギ！」だの「ドロボー！」だの子どもの喧嘩みたいな罵詈雑言が書き殴られている。祠の扉には大きくカタカナの「ヤ」の一文字が。春日国民公園がどうとか全国武徳会がこうとか、まったく要領を得ない張り紙が散らばり、マジに泣きたくなるほどヤバそうだった。

誰に聞いても、どこを調べても七野神社が巻き込まれているらしいトラブルの原因を突き止めることはできなかった。たいてい京都の古い社寺には近隣のジーサマ、バーサマがたむろしていて噂話の相手を手薬煉引いて待っているものだが、それらしき人影も見たことがない。いつだってここは、ただ禍々しい空気に支配されていた。しかしその空気には抗い難い中毒性があり、だからこそ私は足繁く通っていた。

ともあれ無人だと信じきっていた異形の神域に突如、手長足長が登場したら、それはもう逃げるしかあるまい。

おそらく彼女は〈七野神社〉に古くから伝わる縁結びの秘法を行っていたのだろう。

十三世紀初頭に斎王が廃絶されたあとも、その鎮守社が残る形で七野神社は宮中の女たちの崇敬を集めていた。文徳天皇の皇后・藤原明子(あきらけいこ)も帰依していた一人だが、あるとき彼女は奈良〈春日大社〉の祠をここに築いた。それは良人の心を繋ぎとめるための懐妊を願っての勧請であったがゆえ、往時より復縁の神として知られていたようだ。

のちに〈蘆山寺〉に吸収され、応仁の乱で破壊され、と変転を繰り返してもなお七野神社が存えてきた理由は、一にも二にも、そのご利益のおかげといえる。現在でもその本殿前には両手で包めるほどささやかな白砂の山が築かれており、「高砂山」と呼ばれるそれを崩して盛りなおす呪術が伝わっている。それだけは陵辱にまみれていた当時も、きれいないまでも変わらない。

女の情念はなにものにも妨げられないということか。

手長足長に出会った翌日、よせばいいのにまたぞろ私は七野神社を覗きに行った。いつものように境内は静まり返っている。ビクビクしながら石段を昇ると本殿の前には高砂山も変わらずある。ただ、ふと合祀されているお稲荷さんの小祠を見ると、いったいなんの外法なのか両侍の狐が鮮やかな緋色のロープで"お縄を頂戴"していた。

神社-03 【御霊神社】

㊹下桂御霊神社　西京区桂久方町四七-一
㊺六請神社　北区等持院中町五三

「がらん」としている。それが〈御霊神社〉に共通した印象だ。

京の御霊神社は、洛中に上・下、および上桂・下桂などに社がある。どこも湿気を含んだよう な重い空気と独特のカラッポ感が共存している。〈下桂御霊神社〉などは、その境内に聳える樹 齢四百年の神木、無患子に穿たれた洞と同様、虚ろな空間がなんとも心寂しい。

御霊神社が栄えたのは平安初期。現世の災いは、早良親王はじめ非業の死を遂げた者たちの怨 念である。それらを慰めねばならぬ――という「御霊信仰」が当時広く民間に浸透していた。が、 鎌倉時代以降にそれは廃れ、ふたたび息を吹き返すのは明治になってからの話だ。

桓武天皇が怨霊に追われて平安遷都を決行したというのは、ある種定説になっている。けれど 御霊神社が王城鎮護の要として創建された云々に至っては若干の唾を眉につける必要がある。 大内裏が完成したころ森林であった現在の〈上御霊神社〉の地に最初に置かれたのはミヤコの 東北を護る〈猿田彦神社〉。もちろん桓武帝が早良親王の祟りを恐れていたのは本当だ。が、彼 が親王に「崇道天皇」の名を与え格上げしたうえで、その霊を祀ったのは奈良の〈霊安寺〉なの だ。〈上御霊神社〉の起源は、かつて当地に壮大な領地を従えていた〈出雲寺〉にそれが勧請さ

六請神社 神木「無患子」

れたと見る（出雲路敬和著『仁和寺史談』）のが正しそうだ。
　やがて御霊信仰は、早良親王、伊予親王、藤原吉子、橘逸勢、文室宮田麻呂らを【六所御霊】として祀る形態を完成させた。ちなみに【八所御霊】というのは【御霊信仰】隆盛とともに、菅原道真、吉備真備、井上皇后、などを付加価値として組み込んだものである。
　六所は、登録・管理する場所をさすように墓地を意味することから墓地を意味する「録所」の転訛だという説がある。地元では「衣笠御霊」と呼ばれる〈六請神社〉なども元は【御霊神社】だったのだろう。ここの神木もまた、ぽっかりと洞を開け捻くれた無患子なのは面白い。
　また、近隣の〈わら天神〉摂社に〈六勝神社〉があるのも偶然ではなかろう。この一帯はとくに御霊信仰が盛んだったのかもしれない。明治期の神社調査書『延喜式内並国史見在神社考証』に記載されている右京区の二つの御霊神社に相当する可能性も高い。
　明治維新が、ディスカバー御霊信仰という側面を持っていたことは意外と知られていない。とりあえず王政復古の妨げとなりそうな“過去の因縁”を新政府は手当たり次第に祀ってゆく。綱吉の時代に霊元天皇から五宮への皇位継承にあたって粛清された一宮の外戚である小倉一族の実起、公連、熈季。それに光格天皇の子を宿しながら臨月に殺害された菅原和子などが〈上御霊神社〉にも新たなる怨霊として加わり八所どころではなくなった。
　近代に分類されるような明治という時代は、実はいまだ怨霊に脅かされるようなものであったのだ。この都市は鎮魂の陵である。おそらくは未来においても、それは変わらないだろう。

神社-04 【天神さん】

❹❻ 菅原院天満宮　上京区烏丸通下立売下ル堀松町四〇八
❹❼ 霊光殿天満宮　上京区新町通今出川下ル徳大寺殿町三六五

平安京最大の怨霊として恐れられた菅原道真。総本山の〈北野天満宮〉を筆頭に、菅公の祟りを予見した道真の乳母、多治比文子を祀る〈文子天満宮〉だの、"京の台所"錦市場を従えた〈錦天満宮〉だの、洛中に彼を祀る祠は枚挙に暇がない。児童公園の片隅に、ひっそり残った〈水火天満宮〉とか、好きだなあ。

当時の人々がなによりも恐れた暴風雨。稲妻を神威の具現とする考え方は世界的に見られる。ギリシアでも北欧でも神々の必殺技だ。古代人の落雷に対する畏怖は大変なものだった。それにしても道真の怨霊がそんな高座に上がってしまったのはいかなる理由があるのだろう。道真左遷の首謀者である藤原時平の死や、清涼殿を襲った落雷事件など様々なタイミングが重なった結果ではあるが、突き詰めれば答はただひとつ。天災という「理不尽」の原因として菅公の呪詛が最も説得力を持ったからだ。「わかりやすかった」と言い換えてもいい。

菅原道真の怨霊を鎮めるための〈北野天満宮〉が、学問のカミサマ【天神さん】になるのは江戸時代以降。だが、浮き沈みの激しい日本の信仰の世界で天満宮は常に一定のポテンシャルで民衆を集めてきた。前述したような小祠群はその証明といえよう。

増殖しつづける【天神さん】は、そのプロセスのなかで奇妙な亜種も作りだした。たとえば〈菅原院天満宮〉。元はといえば道真の曾祖父の代からの菅原家の屋敷跡に建てられた寺院であった。天満宮は勧請社だったらしい。それが御堂の移転後に残されたのだ。

ここは菅原親子三代が揃って祀られた、かなり変則的なスタイル。〈青楓庵〉〈木箱入りの石を宝珠型のギャラリーや、「癌封じ」にご利益があるといわれる末社〈梅丸大神〉という神社併設に抜いた穴から撫でて祈願する）も含め、奇妙な天神さんである。

奇妙といえば〈霊光殿天満宮〉。菅公が徳川家康と合祀されている。別名を「必勝天満宮」。武運をもたらす戦神の社だ。十三世紀の蒙古襲来──「弘安の役」に際して夷国降伏の祈禱を行ったところ神風が吹いて敵船を悉く沈めたことから一条の光とともに天一神と帝釈天が降臨した場所だという。そもそも菅公の左遷が決まったときこっちゃに召しあげてハメた奴らイテコマシたるさかい」「がっかりしなや。三年経ったらこっちゃに召しあげてハメた奴らイテコマシたるさかい」

彼らは菅公を前にそう告げたそうだ。社の創始者は菅原定義。道真とは遠い親戚らしいが、どこでそんな逸話を仕入れてきたものやら。ラリっていたとしか思えない。

爾来〈霊光殿天満宮〉は「夢は願えば叶う」という妙に今風のご利益を掲げてきた。私はいくど度も参っているが、なにかを祈願したことはない。だって、叶えてもらった代償が、三年後の死なんだよ？　桑原桑原。下手に望みが成就したら生きた心地がしないだろう。自分で叶えられる夢だけで私は満足である。

神社-05 【源融河原院】

❽源融河原院址大明神　下京区木屋町通五条下ル東側

廃屋・廃墟を訪れ、怖がって喜ぶ趣味の人々というのは今も昔も変わらずにいた。『小倉百人一首』にも歌が選ばれている恵慶法師が「八重葎（やえむぐら）しげれる宿の寂しきに……」などと詠み、藤原（小野宮）実資の日記『小右記』に「荊棘が溝に盈ち、水石は荒蕪す」と描写された〈源融河原院〉。平安京最大の心霊スポットである。

創建当時は、北は現在の五条通、南は正面通、西は柳馬場通、東は鴨川という広大な敷地を従えていた。庭に鴨川の水を引き苑池となし、陸奥国の「塩釜の浦」の景観を移して「籬の島（まがきのしま）」を模した人工島を浮かべ、浜に塩焼の眺めを再現したという贅の限りを尽くした様子が『伊勢物語』に登場する。マリー・アントワネットもびっくりだ。

源融は早良親王みたいに無実の罪を着せられ追放されたわけではない。が、陽成天皇譲位の際の皇位継承争いに敗れてここに隠棲した。当時の感覚でゆけば隠棲はほとんど死と同義。つまり、ここは最初から〝彼岸の楽園〟として創造されたのである。

朝廷に執着したまま、七十四歳という平安時代にしては非常な高齢で亡くなった源融。その死をもって河原院は本物の【あの世】になった。

彼の一族の終焉を決定付けたのは、息子である源昇が娘の貞子を宇多天皇の元に入内させたものの、藤原時平——菅公を左遷させた、あの時平——の娘・褒子に寵愛を奪われてしまったことであった。河原院の半分までも持参金がわりに献上したのにもかかわらず、だ。

それを恨んで源融が化けて出た持参金がわりに献上したという通説もある。また、その話にインスパイアされて紫式部は『源氏物語』「夕顔」の段を創作したという通説もある。

河原院は御息所の生霊が出現する六条院のモデルでもあるのだ。

その後、度重なる火災と洪水で河原院は荒廃してゆく。もともとが壮麗な屋敷であったがゆえ、風景は凄惨な影を色濃く落としたに違いない。いや、むしろ崩れ落ちてゆきながら正体を次第に露呈していったというべきか。もっとも楽園とは呼べない眺めではあっただろうが。いずれにせよ当時の数寄者たちが〝もののあはれ〟を求めて夜な夜な集まっても不思議はない。

やがて、すっかり跡形もなくなった河原院址の敷地に、道真の父親である菅原是善の旧邸・菅原院を移築して〈歓喜寺〉が建立されている。長保五(一〇〇三)年のことだ。当然のように鎮守社として錦天満宮が祀られたわけだが、これまた因縁じみた話だ。源融と菅公。殿上人にとって、もっともリアリティのある怨霊が同居することになったわけだから。

源融河原院址は現在、碑と「籬の島」の生き残りとされる榎が佇むばかり。壮麗だったかつての姿を偲ぶよしもない、ささやかな祠があるだけだ。誰が掃き清めるのか、いつ訪れてもここには青々とした樒が供えられ塵ひとつ落ちていない。

神社-06 【鎮守の森】

❹⑨貴船神社　左京区鞍馬貴船町一八〇

そんなものにもハヤリ・スタリがあるのかと驚いた。いや、そんなものだからこそ〝ご時世〟を映すのかもしれないけれど。なんの話かって【呪詛】である。いわゆる【丑の刻参り】の形式が近ごろ変わってきたらしい。最新流行は恨んでいる相手（たぶん）の写真に直接釘を打ち付けるスタイルだという。

「五センチくらいの釘を使たはる人が多いですなあ。五寸（十五センチ）と五センチを間違うてはるんかなあ思てるんですけど」

〈貴船神社〉の神主さんから聞いた話だ。季節はずれだったので暇にしていたのか、いろいろと興味深いエピソードを教えてくださった。

「このごろは釘の後始末が日課ですわ。こないだなんか明るいうちにコンコンやったはる人がてはりました。あれはびっくりやった。そんなんしたらアキマセんよ言うても、ここはそういう場所なんでしょて平気な顔してはるんですよ」

社務所で藁人形売ってないんですか？　と尋ねる観光客が何人もいるらしい。

基本的に呪詛は手順を違えると、かけた本人に跳ね返ると相場が決まっている。みんな怖くは

ないのだろうか。確かに貴船神社は平安時代から丑の刻参りの本場だけれど、だからって褒められた行為ではない。みんな思い出作りかなにかと間違えているのではなかろうか。青春の記念に呪ってみました。みたいな。

そこそこの社になれば本来は必ず背後に【鎮守の森】が控えている。一本や二本は釘を打ちつけるのに適した樹が立っている。もしやと思いついて、いろんな神社で聞き込みしてみると、案の定どこでも貴船神社と同じようなご苦労をなさっていた。

携帯電話。免許証。御守（その神社のものだったらしい）。位牌。似顔絵。スノーボード。ビニール袋入りの髪の毛。豚豚豚豚豚……とマジック書きされたTシャツ。礫にされるアイテムも実に様々。凄まじいというか何というか、ほとんどインスタレーションアートの世界である。流行の写真バージョンも、普通のサービス判だけでなく、落書きされたものや醜く画像処理してプリントアウトされたもの。遺影風に額に入れて黒リボンをかけたもの。あまり知りたくないドコかの部分のアップ。あまり知りたくないナニかが塗ったくられたもの。などなど。

「そやけど、なにが怖いて打ちつけたあとに写真を燃やさはるのが怖いですなぁ」

と、そこまで聞くとにわかには信じ難い。

どんな悪童だろうと京都人ならば鎮守の森に侵入するようなことはまずしない。それはカミサマを畏れ敬う気持ちだとか、祟りへの恐怖というよりも、聖域を侵す危険性をよく知っている。たとえば黄色と黒のシマシマを警戒色として認識するような、もっと本能的なものである。

102

神社-07 【大鳥居】
㊿平安神宮　左京区岡崎西天王町九七
�51西本願寺伝導院　下京区油小路正面角

京都には明治大正時代の建築がまだ数多く現役で活躍している。市役所や府庁など公の機関も珍しくない。実際に中で働くとなるといろいろ不便や不都合もあるようだが、傍から見るぶんには美しい。それらもまたこの街の「らしさ」を醸しだす大切な要素だといえよう。

ミヤコの魂であった天皇を東京に奪われ、当時の京都は躍起になって近代化を推進していた。発電所、市電、学校、活動写真、様々な《西洋》がどこより早く積極的に持ち込まれた。それらは空虚を埋める代償だったのかもしれない。過去を否定するかのような新建築群も同様の役目を担っていたといえる。

この時代の京を代表する建築家といえば、なんといっても伊東忠太。米沢生まれ、東京育ち、帝大卒。京都とはなんの接点もない彼が、かくも深くこの街にかかわる次第となった理由は謎である。

たとえば建都千年記念事業である〈平安神宮〉。本来なら伝統技術を継承してきた宮大工があたるべき内容に思える。が、嘱託されたのは極め付きのエキセントリックな伊東忠太であった。

それは、とりもなおさず「忘れられた過去の都市になるまい」という意思の表われだ。

ちなみに平安神宮の庭園「神苑」を作庭したのもモダニストの造園家、七代目小川治兵衛。新たなる京の象徴となるべきモニュメントは、それがミヤコの創造主たる桓武天皇を祀る神社であっても決して古色蒼然ではいけなかったのである。

そんな性質を知ってか、神宮通に架かる日本最大級の鳥居を見上げるたびに私は怨嗟の声を聞く。もっとも、こいつは伊東忠太作ではない。昭和三（一九二八）年に昭和天皇大礼を記念しての建築だ。

しかし、それはあくまで表向きの理由ではないかと私は疑っている。天皇を連れ去ったナニモノかに向かって呪詛を叫ぶ顎門(あぎと)を平安神宮が必要としたのだと思えてならない。だいたい、こいつは人が潜ることを前提としていないのだ。潜り抜けるには車道に出る必要がある。「人間のために設けられた神域への入口(エントランス)」という鳥居の本来性を考えたとき、どうみても不自然であろう。大任を果たしてより七年後、伊東忠太は大陸からトルコへと三年にわたって遊学した。帰国後に設計したのが彼のもう一つの代表作〈本願寺伝導院〉である。元は真宗信徒生命保険本館であった。回教寺院を思わせるドーム。インド風の六角楼閣。窓にはサラセンの意匠が窺える。そして周囲を巡る車止めの石柱には異様な怪物。「伊東忠太的動物」とも呼ばれるバケモノたちだ。以降、彼の建築にはそれらが装飾モチーフとしてしばしば登場している。よほど気に入っていたらしい。もし大鳥居の着工がもっと早い時期に決まっていたら、朱柱はバケモノで飾られていたに違いない。平安神宮という挑発的で挑戦的な神社にはさぞ似合ったろうに。

神社-08 【絵馬覗き】

❺②安井金毘羅宮　東山区東大路松原上ル下弁天町七〇

あまり大っぴらに言えない趣味だけれど、私は「絵馬覗き」が大好きである。見られることを前提としていない、しかも匿名でない欲望は生々しい人間ドラマに出会い、薄氷の張った池に突き落とされたような気分を味わうこともある。

縁切りのご利益で知られる〈安井金毘羅宮〉で私が出会った一枚は、まさにそんな怨嗟のこもる内容であった。それは、愛人と思しき女性の奉納絵馬。板面には不倫相手と夫人との別離を願う言葉がサインペンで無邪気に綴られていた。恋人の実名どころか会社の部署まで堂々と記載されており、個人情報だだ漏れ。考えれば、それだけでもかなり恐ろしい。

が、私を凍りつかせたのは絵馬の空きスペースに書き添えられていた一行。

「そうはなるものか」

あきらかに異なる筆跡。突き刺さりそうに尖った鉛筆文字であった。

この逸話を旧著『京都人だけが知っている』で紹介したところ、けっこうな反響をいただいた。通勤電車で読んでいたら網棚の上から重い荷物が落ちてきて、一歩間違えば大怪我をするところでした。なんとなく偶然という気がしません……てなメッセージをもらったりもした。悪い波動

105　神社

矢田寺 地獄絵馬

みたいなものが活字を介して伝わったのか？ ちょっと真剣に考えたものだ。ならば、このあとの奇妙な絵馬の挿話は、そういうものに共鳴しやすい人は読まないほうがいいかもしれない。

もっとも安井金毘羅の話ほど強力なのはそうない。せいぜい〈下鴨神社〉の摂社「相生社」に奉納された恋愛成就絵馬一面に「ママ　ママ　ママ　ママ……」と書き連ねてあったとか、オタクの巣窟と化した〈晴明神社〉の絵馬に電波妄想系の傑作を発見したりといった程度。

もっとも、「前世で結ばれていたように、現世でも京極夏彦様と結ばれますように」なんて一枚を見つけると、人気作家は大変だなあと同情してしまう。しかも、その隣を捲ったら「わたしも前世では京極堂の妻でした。しかも第一夫人です」などとあって、ちょっと笑えなかった。怖いというより哀しい気持ちになったのが〈矢田寺〉に掛かっていた絵馬。そっと裏返してみたそこに私はある告白をみつけたのだ。

「わたしがりゑさんをころしました　ぢごくにおちてもゆるしてください」

子どもが一文字一文字丁寧に書いたような平仮名であった。見てはいけないものを見た気がして、言葉の意味を振り切るように私は続けざまに何枚かを捲ってみた。……ら、そこにはまた同じ文面が。そのあとは、さすがに覗くのをやめた。

いったい奉納主はどれだけの絵馬を残していったのだろう。そもそも絵馬は地獄の業火に焼かれる罪人たちが浄罪と救済を願う図案だが、どれだけ納めればその人の魂は安らぐのだろう。まもふとしたおりに考える。

107　神社

神社-09 【呪歌（じゅか）】

❸住吉神社　下京区醒ヶ井通高辻南東角住吉町四八一

ほのぼのと明石の浦の朝霧に島かくれ行く舟をしぞ思ふ

——「寝坊しない」ための【まじない】＝【呪歌】である。眠る前に、これを三遍繰り返すと、起きたい時間に起きられる。……ということになっている。長らく忘れていたが、高柳蕗子氏の『はじめちょろちょろなかぱっぱ』（集英社）に似た例がいくつか紹介されているのを読み、子どものころにお世話になっていたのを思い出した。効果のほどは記憶に定かでないのだが。

これが『古今集』にある「詠み人知らず」だと知ったのは、ずいぶん後になってから。もの知らずの私は純粋に呪歌だとばかり思っていた。もっとも、まんざら間違いとは言い切れない部分もある。平安期まで、和歌には確かにそういう呪術的な側面があったのだ。

大阪の〈住吉大社〉とは比べるのもおこがましいささやかさだが、京都にも同名の〈住吉神社〉が存在している。いずれも歌道にかかわりが深い社。平安時代に摂津国より分祀され、歴代天皇が和歌の伝授を受けるにあたっては勅使を派遣して崇敬を尽くした。宮様に歌を教えるのは

冷泉家代々の当主と決まっている。当然のようにこの貴族家の信仰は篤く、現在の社殿も明治時代に冷泉為紀卿の寄進によって建立された。

ところで京の住吉神社境内には祭神不明の〈人丸神社〉が祀られている。この謎の小社こそが実は呪歌のカミサマを祀る祭祠である。

住吉神社は烏丸松原にある〈新玉津島神社〉とともに、藤原俊成（定家の父）が帰依した衣通姫（そとおりひめ）の祠を起源としている。もとはといえば海神である住吉神が歌道の守護聖となったのも、くだんの住吉大社が和歌山の〈玉津島神社〉から衣通姫を勧請合祀したからだ。つまり本来は、日本の正統な歌神とは衣通姫なのである。

けれど短歌には公式の場で詠まれる【寿歌（ほぎうた）】とは異なる性格もあった。それが呪歌なのだ。詠む者の、そして歌を送られる相手の行動や心理に影響を及ぼす短歌。言葉には魂が宿り、口にだすと実現をもたらせる力すらあるという。

短歌は言葉の精度を上げて、そんな力をぎりぎりまで引き出す魔術であり武器の一種だ。早起きから厄除け、恋する相手を落とすにも、恋敵を殺すにも、それは使われた。ならばそれに相応しい祭神が必要とされたのは、むしろ自然なことといえよう。言葉に呪的なパワーを与える呪歌神が「人丸」なのであった。

そういえば、早起き呪歌のおかげで翌朝ちゃんと目を覚ませたら、お礼に返歌を唱えるのがキマリになっている。

人丸やまことあかしの浦ならばわれにも見せよ人丸が塚——と。

花部英雄氏の『呪歌と説話』（三弥井書店）などによれば人丸神の原点となっているのは呪歌名人〝歌聖〟柿本人麻呂だという。そこに盲目の武将、平景清と娘の人丸の父子再会譚をベースに興った「人丸信仰」が加わって神格化が進んだ。さらには小野篁信仰や菅原道真怨霊譚などの伝説が積み重なって特殊な呪歌神が誕生したのだ。

もはや普段歌を詠まなくなった日本人が、わざわざ人丸神社を訪ねてくることは稀である。しかし、それでも〈住吉神社〉を覗くたび、この小社にも供物が置かれているのを私は見つける。あるときは千羽鶴だったり、清酒の一瓶や精米の一袋。また、あるときは紙の人形(ひとがた)だったりもした。

このあいだ発見したのは針金で編まれた箱であった。虫籠にしては編み目が大きく、しかも中になにかを収めるための入口も蓋もないようだった。これには首を捻った。いったい網で閉じたその空虚には、どんなものを封じ込めて奉納してあったのだろう。それこそ言霊だったのではないか。そんなふうに私は想像してみる。

神社-10 【奉納舞台】

❺❹ 紫野貴船神社　北区紫竹西北町五五

神社の境内、本殿の前にはしばしば【奉納舞台】が設けられている。カミサマという連中はとかく気難しくて、やたらと祟ったり病を流行らせたりする。彼らを祀る神社という機構は、なんやかやと機嫌を取ってやらねばならない。奉納舞台はそのための装置。お神楽や舞踊などを演じて祭神に捧げ、あんじょう大人しくしていてもらおうという魂胆である。

もっとも京都に住んでいてさえ、ここで歌舞音曲が奉じられているのを観ることはもはや少ない。私も成人してからはついぞお目にかかっていない。

せっかく立派な普請なのに、手入れが足らず朽ちてゆく一方の奉納舞台を見ると非常に切ない。もっと有効利用すべきだ。目的はカミサマを慰めることなのだから古典芸能に限る必要はない。ロックでも関ジャニ∞でもいいじゃないか。人が集まればそれだけでカミサマは喜ぶ。その反面、過疎ると腹をたててなにをするかわかったもんじゃないのだ。

ともあれそんな状況だから、なかには寂しいを通り越してほとんど怖いことになっている奉納舞台さえある。最初に紫野〈貴船神社〉のそれを見たときは驚いた。なにしろ舞台のぐるりが金属製のネットで覆われてしまっているのだ。

「金網デスマッチでも奉納するんかいな」

脳裏にタイガーマスクの顔が一瞬浮かんだ。が、普通に考えれば上がり込まれぬようにする措置だろう。近所の悪童が溜まって煙草を吸ったりしていたに違いない。

貴船神社といっても、広大な敷地を有し、かつては賀茂川を越えてこの一帯も荘園として治めていた〈上賀茂神社〉の摂社だったという。もちろん祀っているのは同じタカオカミ。水神だ。

この神は同時に呪詛神としての顔もある。一般の神社建築の常識から外れた北向きの拝殿を擁する当社が、なにか特別な目的を持っていた可能性は否定できない。鎌倉時代初期に鎮座してより霊験つとに知られると縁起には書かれている。いかなる霊験であったのか。

私がその日、境内に足を踏み入れたのは日暮れ時だった。あたりの民家は息を潜め、闇に溶け、人の気配というものがまるでなかった。奉納舞台をぼんやり眺めながら、それこそまるで貴船の山懐に佇んでいるようだと考えていたとき、がちゃ！　がちゃ！　がちゃ！　と金網が鳴った。

風が吹いたのか。猫がよじ登ろうとしていたのか。しかし私にはナニモノかが内側からワイヤーに手をかけて音を立てたとしか思えなかった。

「冗談やめてんか」と何度も呟きながら文字通り境内をまろび出る。もしかしたら私は金網の本当の理由に遭遇したのだろうか。

怖いこわい
奇妙

奇妙-01 【御札】

❺❺ 八坂神社　東山区東大路四条祇園町北側六二五
❺❻ 不思議不動院　北区衣笠赤阪町一・一

【扉写真】
上・總神社　封印石
下・鳥居の値段（伏見稲荷　参道にて）

ある宮司さんから聞いた話だが、【御札】というのは〝気〟の容器みたいなものらしい。真言が書かれたり護摩（ごま）を焚かれたり、もしくは祝詞（のりと）を上げられたりすることで、ただの紙や板切れなどが人によい影響を与える「陽の気」を帯びる。だから、それを所持することで災いをもたらす「陰の気」を中和できるのだと。なるほど。

彼はまた、こうも言った。永遠に気を発し続ける御札なんてものはないのだと。それらを基本的には毎年交換しなければならないのは、からっぽになってしまうからだそうだ。

恐ろしいのは、ここからである。いちど気が籠もった御札というのはスポンジみたいにエネルギーを吸い込みやすくなっている。それが《正》だろうが《負》が関係なく……。だから、あまり古いものをホッタラカシにしておいてはいけないというのだ。

御札そのものには陰陽を選別する意思や力はない。だから一歩間違うと悪い気をどんどん溜め、それを発散してしまう。奉納して処分してもらうのは、それらが危険だからに他ならない。また、効きめの強いものほど逆の効果も激しいから注意が必要なのだと。

「なんでも、そやとは限らんけどな」と宮司さんは笑うが、私は充分に怖かった。

しばしば戸口に大量の御札や魔除けの類いが貼られた家を見ると、なんともいえず厭な感じがするのは気のせいではなかったのだ。あれは負のエネルギーを陰々滅々と放っていたのだ。

京都の御札で有名どころといえば、まず〈八坂神社〉の「蘇民将来之子孫也」だろうか。蘇民将来は人の名前。牛頭天王が旅の途中に宿を求めたときにこれを篤くもてなした人物。それを喜んだ天王がその子孫ともども災いを逃れるであろうと約束したとされる故事から、その子孫であるという御札を玄関に掲げて厄除けとする習慣である。

これは平安時代以前からの信仰であり、近年も長岡京の遺跡から「蘇民将来之子孫者」と書かれた日本最古の木札が発見されている。古より京都人は連綿とこれを拠り所としてきた。

さてここ数年、蘇民将来を凌ぐ勢いで目立ちつつあるのがご存じ〈晴明神社〉の五芒星ステッカーと、もうひとつ〈不思議不動院〉の御札である。

とくに不思議不動院札は貼りっぱなしが基本なのか、ときおりスゴいことになっている。格子戸が不思議不思議不思議不思議不思議とびっしり埋め尽くされているお宅を発見したときは、ちょっとウッとなった。御札というより呪縛に見えた。宮司さんがいうように期限切れ札に危険性があるとしたら、かなりのものだろう。

心身を護ってくれるものなのだから、それらには感謝してほしい。それは「陽の気」を充電することに繋がる。——という宮司さんの言葉を書き添えておこう。

奇妙-02 【普請負け】

とにかく人気のヘアサロンだった。技術がすごいとかセンスがいいとか、さしたる理由もナシにお客さんがひっきりなし。さほど離れていない母の店は客を食われて大変だったようだ。

もとは町家の軒先に機の音を響かせる西陣の小さな老舗織工場。七〇年代後半、キモノ産業の斜陽に拍車がかかったころの話だ。当初「あんな裏通り、だーれも来るかいさ」と母は高を括っていた。が、店は大繁盛。くだんの後妻さんは鰻の寝床を奥へ奥へと切り崩し、雇い人を増やし、バブル期には一階部分すべてがサロンになった。

が、建物を更地に戻しての全面改装に踏み切ったあたりからお商売に翳りが射しだした。いや、そんな生易しいものではない。まさに「凋落」と呼ぶに相応しかった。商売敵ながら母も同情したほどだ。理由なき人気同様、絵に描いたような不幸の連続もひどく奇怪な印象があった。

まず客足がぱたりと途絶えた。うるさ型の頭をカブれさせ訴訟騒ぎになったと思ったら、息子さんの家庭内暴力。スタッフの自殺未遂。そして旦那さんが嘘みたいな事故死。

この後妻さんという人、むしろ考え方は保守的だったという。神仏には手を合わせ、墓参も欠

かさなかった。改装だって八卦や暦で調べて新築するによい年回りを待ったほどだ。もちろん建て替えるときはしっかり地鎮祭も行った。新しい店は風水にも気を配っていた。

【普請負け】やな——と地元の人々は囁いた。

よそさんだった彼女は、信心深くはあったけれど、京都独特の「古い家を供養する」「人間や土地だけではなく建物や道具にも魂がある」という感覚は持ち合わせていなかったのだ。

普請負け。それは取り壊される家の"祟り"と考えればいいだろう。そうとしか思えぬ怪現象の例が京都にはゴマンとある。

たとえば相続税対策で江戸末期に建てられたお屋敷を賃貸マンションにしたところ、いくら駆逐しても次から次に雀蜂が巣をつくるようになったという話を聞いた。入居者たちが何人も刺されては病院に運ばれ、越してゆき、しまいには誰も借り手がつかなくなって築二年ほどで解体されてしまったのだとか。

リフォームではなく解体という行為は家を殺すことに等しい。と、どこかで京都人は思っている。ならば祈禱という形でその怒りを鎮め、許しを請う必要がある。まして大きな成功をその場所で得ていたとすればなおさらだ。

いまでこそ町家ブームに沸く京都だが、後妻さんが店を新築した八〇年代半ば、洛中では古い屋敷が容赦なく破壊されていった。むろん町家が犇（ひし）めいていた西陣や室町も例外ではない。キモノ産業の崩壊は、ひょっとして【普請負け】の結果なのではないかと私は半分本気で信じている。

奇妙-03 【橋占】

❺ 一条戻橋　上京区堀川通一条上ル竪富田町

〈晴明神社〉はうちの氏神さんである。いまでも京都に帰れば毎日のように前を通る。子どものころから神社の向かいを流れる堀川の河床で遊んでいた。現在と変わらず水はちょろちょろとしか流れていなかったけれど、いまのようにコンクリート敷きではなかった。

ここでは幼稚園時代に同じ組だった男の子が、わずか五センチほどの深さしかない堀川の水溜りで溺死する事件が起きている。以来、河床へ降りることは禁止された。が、子どもたちが相変わらず出入りしてたのはいうまでもない。

むろんそこへゆくのは怖かった。けれど、だからといってそういう場所を避けていたら、この辺では暮らせない。あまりにも日常的に奇妙なことが起こるので地域の住人は慣れてしまっている。いつしか当たり前のこととして異常現象を受け入れるようになるのだ。

そもそもが平安京大内裏の東北角、つまり鬼門にあたる。野辺送りの最中に死人が蘇ったとて、ついた名前が「戻橋」。女に化けた鬼が愛宕山に連れてゆけと渡辺綱にねだったりする土地柄なのだ。また、百鬼夜行の巡回路でもあるらしい。いわく因縁には事欠かない。

江戸時代には市中引き回しのうえ、罪人はこの橋上で斬首された。「生まれ変わって真人間で

118

「戻ってこい」と来世への希望を繋いだらしいが、果たしてそれを温情と呼ぶべきか否か。ちなみに千利休の首が晒されたのも堀川河原である。

かつて出征する兵士たちは、無事の帰還を願いここから戦地に赴いた。反対に、あまり"主役"に戻ってきてもらっては困る婚礼や葬儀などの一行は験を担いでいまも避けて通る。一九九五年に架け替えられたときは親柱を支える橋桁の奥から箱に封印された晴明縁の人形【式神】が発見されて、ちょっとした騒ぎになった。

晴明神社境内に旧橋の欄干などを利用した遺構が保存されているけれど、いくら架け替えようとも重要なのはいま架かっている現役の橋。一条戻橋には怨嗟と流血がべったり染みついている。

なにが起こっても驚くほどのことではない。

なにしろそういうものを感じる能力がきわめて低い私のような人間でさえ、戻橋近辺では何度か奇妙な出来事に遭遇している。

まず思い出すのが堀川中立売の橋詰にあるトイレ。夜中、家に帰る途中に飛び込んだときのこと。用を足してジッパーを上げた瞬間、閉まっていた個室の中から急に小用の水音が響いてきたのである。あきらかに、さっきまで自分で立てていた聞き覚えのある音だ。

個室の中、不自然なまでに延々と放尿音が響く。やがて水音が緩くなったことに気づいて、私は慌てて逃げた。なぜなら、このトイレは入口のセンサーが人を感知して照明がつく仕掛けだと思い出したから。そして私が入る前、明かりは消えていたと気づいたから。あれは、行進中の百

【橋占】

鬼のうちの誰かででもあったのだろうか。

あと、新しくなってからは知らないが、かつては戻橋に偶さか卜占が出た。いわゆる橋占である。晴明にちなんでだか九星占い。悴んだように小さな和装の老人で、史跡解説の立て札がある柳の木の下が定位置だった。さほど八卦の類に興味のない私は「ああ、いてはんなあ」と存在を認識してはいたけれど、鑑てもらおうなどと考えたこともなかった。

その日、逢瀬の帰りに私はたまたま戻橋を通りかかった。酔客を乗せたタクシーもひととおり捌けたあとの静けさが耳に痛いような夜半であった。当時あまり他人様に自慢できない恋愛をしていた私は、「先がない」ことを「先が見えない」のだと自分に言い聞かせながら橋を中ほどまで渡ったときだ。

「……あ……こ……ゆ……ゆ……から……らう……」

かすかなかすかな声。驚く間もなく、あの占い師だとすぐに気づいた。

「あいたもうことゆめゆめあるべからずそうろう……」

しかし目の前、いつもの定位置にその姿はない。柳の木の陰になっているのか。

「逢い給うこと努々あるべからず候……」

いや違う。その声は橋の下から聞こえていた。

袂まで走って川端の並木の間から恐る恐る首を伸ばすと、闇に塗りつぶされた橋の下、「占」と一文字を浮かせた行灯の夕月めいて薄紅い四角い光がぼうと見えた。

一条戻橋

奇妙―04 【一口（いもあらい）】

�58 春日神社　右京区西院四条春日上ル春日町六一
�59 元祇園梛神社　中京区壬生梛ノ宮町一八-二

坤町（ひつじさるちょう）。安居院（あぐい）。不明門通（あけずどおり）。京は難読地名の宝庫である。鶏冠井（かいで）、間人（たいざ）、瓶原（みかのはら）。洛中にも洛外にも散在している。こういう名前の土地にはねっとりとした歴史がまとわりついた印象がある。よそさんが京都に抱く漠然とした恐怖には、それら地名の〝ねっとり感〟が一役買っている気がしてならない。

京難読地名中、難易度ナンバーワンはおそらく「一口」であろう。府南部、久世郡の国道一号線沿いにある農村だ。「ひとくち」ではない。「いもあらい」と読む。

由来には諸説あるが、なぜ「一口」とは新しく築いた堰に開けた水門の口をさしているという説が有力らしい。そして、なぜ一口設けたかといえば、これは水はけをよくするため。桂川、宇治川、木津川の合流点であり、巨椋池（おぐらいけ）の広がる一口は湿地帯だった。たびたび洪水に襲われ、住民は疱瘡、痘瘡、天然痘などの伝染病禍に恒常的に悩まされていた。

かつて疱瘡は「いも（やみ）」と呼ばれた。水門の開通は環境の改善であり、目的は疱瘡（いも）を洗い流すことに他ならず、「忌み」を「祓う」手段だったことから一口は「イミ・ハライ」転じて「いもあらい」となったのだ。そう名付けることがすでに祈りというか呪術的治療だったのだろ

う。ちなみに東京・六本木の芋洗坂も昔は「一口坂」と書いた。

さて、一口以外に治療法を知らなかった当時の人々がその他に講じられる手段は神仏に縋ることだけ。一九八〇年に疱瘡の撲滅宣言が出たが、いまでもその祈願の遺構は各地に残されている。

毎月三度、〈春日神社〉では「疱瘡石」なる霊石を特別拝観させてくださる。この社を創始した淳和天皇の皇女、崇子内親王が疱瘡に罹り、当社に祈願したところブツブツがこの石に移って身代わりとなったと伝えられている。ブツブツというよりはゴボゴボした岩塊だ。

〈元祇園梛神社〉の摂社〈隼神社〉も瘡毒平癒をご利益にあげる社。瘡神を「クサノ」と俗称するところから「隼」の転訛「ハヤクサ」と関連付けられ信仰が起こった。〈雨止地蔵〉が〈目疾地蔵〉に変化して眼病患者が参拝するようになったのと同様の典型的な流行神である。

この祠には面白い習慣が残っている。それは祭殿に土団子を供える嘆願方法だ。成就のおりには納めた土団子と同じ数の米団子をもってお参りする習わしになっている。どんな団子なのか見てみたいのだが実物にはまだお目にかかったことがない。

ただ、姉弟とおぼしき子どもたちが境内の隅で地面を掘り返して小さな玩具のバケツに土を集めていたことがあった。今日びは土団子を作るのに捏ねる泥を確保するにも苦労するのだなあと微笑ましく眺めていた。姉のほうが、こんなことを言いだすまでは。

「おばあちゃんの薬なんやし、ようさん集めて帰らんとおかあちゃんに怒られるえ！」

それが特殊な一口の薬（ヒーリング）の一種なのか、姑イビリの手段だったのかはいまだに判らない。

奇妙-05 【石Ⅰ　禁忌(タブー)】

⑥總神社　北区紫竹西南町四六

　京都が【魔界】かどうかは知らないが、ここは間違いなく【禁忌(タブー)】の街ではある。ときに人は、いけないと解っていても禁断の行為に誘い寄せられる。筒井康隆の短編「熊の木本線」をご存じだろうか。ある山奥に伝わる、口ずさむと災いが起こるとされる民謡を、微妙に詞を変え歌って愉しむ村人たちの話だ。彼らは禁忌の中毒者なのだ。

　洛北の住宅地にある〈總神社〉。いつも息を殺したような小祠である。その日は珍しく境内に数人の子どもたちが遊んでいた。私はといえば、社務所の脇にある奇妙な石に夢中だった。いままでも何度か来ていたけれど、それに気がついたのは初めてであった。

　いったいなんだろう。花崗岩の井筒が組まれ、そのなかで白砂に埋もれて石は氷山みたいに頭だけ覗かせている。井筒はさらに鉄柵で囲われ、各角のポールには竹の細竿が立てられて、紙垂(しで)と藁しべが下がった細い注連縄(しめなわ)が大人の視線ほどの高さで一周していた。

　説明書きはない。が、井筒には梅の刻印がある。ここの祭神の一柱である菅公に関連したものに間違いはない。それにしても、これはあからさまに石を封じてあるとしか考えられない。上部には鉄骨枠に金網が張られた覆いが被さっており、直接は手で触れられないようにしてある。

ふと気がつくと、五、六歳くらいの男の子が側にいた。あまりにも私が真剣だったので好奇心が刺激されたとみえる。しばらく並んで眺めていたが、男の子はおもむろに井筒と金網の隙間から石を触ろうとした。そのときだ。ものすごい叫び声だった。ベンチに座ってお守をしていたと思しき初老の女性が喚きながら駆け寄ってきて、その子の腕をむんずと摑み放り投げたのだ。

彼女は私など見えていないように、泣きじゃくる男の子をばしばし叩き続けた。

子どもを引っ立てて境内を去ってゆく老婆の後姿を呆然と見送りながら「とにかくこれは地域住民にとって絶対的な禁忌なのだ」ということだけは理解した。

總神社はこの辺り一帯の産土神だという。かつては「菅宿の森」と呼ばれる雑木林が広がっていた。左遷の決まった菅原道真が、この土地に住む叔母を訪ねて一晩中怨嗟の言葉を撒いたことから付いた名だそうだ。また、ここには「常盤の森」の別名もあり、こちらは源義朝の妾だった常盤御前が牛若丸（義経）を産み落としたとの伝説からきている。

人間と時代が煮込まれて歴史はできあがってゆく。正史に残らない迷信や言い伝えなどは歴史の灰汁みたいなものだ。禁忌もまた不必要なエグ味ではある。しかし、どんなに丁寧に掬っても灰汁を消すことはできない。かりに完全になくなってしまったら、さぞや歴史は味気ないだろう。

京都には鍋の縁にこびりついた灰汁のように禁忌が染みついている。そして、それは確かにこの都市の魅力である。その証拠にそのとき以来、私は帰国するごとに總神社を参らずにはいられない。禁忌の魅力はかくも抗い難い。

奇妙-06 【石Ⅱ 夢の磐座(いわくら)】

㉛弁慶石　中京区三条通麩屋町東入ル弁慶石町

ぼんやりと歩いているとき私は俯いていることが多い。自分でもなぜなのか解らなかったのだが、最近、石を探しているのだと気がついた。別に貴重だとか化石入りだとか、そういう特別なものが欲しいのではない。波長が合うとでもいえばいいのだろうか。なんとなく「いいな」と感じたものを拾ってポッケにしまって持ち帰る癖がある。

〈八坂神社〉を散歩しているとき、ふと目に止まった黒い小石。雑草の葉陰に落ちていたのに掌に包んだとき温かかった。そしてその晩からおなじ夢を続けてみるようになった。

それは迷子になる夢。まだ子どもの私が当時の懐かしい風景の中を歩いている。その角を曲がれば家が見える……というところまできて私は歩調を速めた。しかし、それは全然知らない通りに繋がっていて、けれど私は不思議にも思わずそのまま先を急ぐ。次の角を曲がり、また曲がって、ふたたび最初の辻に辿り着くのだけれど、そこを折れると、またもや覚えのない眺めが横たわっているのだ。

それが三夜連続。べつに、さして怖くはなかったのだが飽きてきたのでいろいろ考察してみた。夢というものが現実と願望の破片を閉じ込めた万華鏡だというなら、きっと三日前の出来事を検証すればなにかしら原因となるべきものが発見できるはずだ。

で、その結果、夢は「いま枕元に置いている、あのときの小石」が運んできたのではないかという仮説に至った。さっそく八坂神社を再訪。私がそれを拾った東北角の鳥居を入ってすぐのところに戻しに行った。と、三日前には印象に残らなかった駒札に、すっと視線が吸い付いた。

【夜泣き石】そう名が書かれていた。漬物石サイズの、本当になんの変哲もないものなのだが、これが夜な夜な鳴き声を発するという。とくに具体的な因縁は記されていなかった。けれど、私がお持ち帰りしてしまったのは、この石の欠片だったのかもしれない――そんな気がして、それを夜泣き石の傍らに寄せておいた。

なにゆえ人は、命を持たぬ石が泣いたり祟ったりするなどと空想するのだろう。巨石信仰、神の降りる磐座の跡は世界中に発見できる。八坂神社境内にも、まだ「二見石」と呼ばれる奇妙な岩が内宮と外宮の間、大神宮内に鎮座している。こちらは末社として祀られているので立派な信仰対象らしい。その根は地軸に届くほど深いといわれる。

もうひとつ洛中の奇石を紹介しておきたい。武蔵坊弁慶のペットであった「弁慶石」。華やかな歓楽街の裏手、マンションの前庭にひっそりと立てられている。

弁慶は私など足元にも及ばない石マニアだったようだ。とくにこの石は大変な可愛がりようで、最期を迎える平泉にまで持ち運んでいる。その執着が乗り移ったか、主人の歿後「三条京極に往かむ……」と発声鳴動。付近一帯に原因不明の疫病が蔓延したため、享徳三（一四五四）年に現在の場所に運ばれてきたと伝えられている。

それにしても、この弁慶石。あまりのさりげなさに最初は「イケズ石」かと思ったものだ。奇石というには当らないけれど、ある意味このイケズ石という存在を非常に〝京都らしい〟かつ〝怖い石〟ではある。それは単純にいえば、車が家を擦ったり、前に無断で停められないように邪魔するための立て石だ。コンクリートで根元ががっちり固められた膝丈ほどの自然石が多い。細い曲がり角などでも、よく観察できる。
「ウチくらいなんぼでも傷つけてもろて宜しおすけど、大事なお車がウチのせいで傷ついたら困りますやろ。目印に石置いときまっさかい気ぃつけとくれやっしゃ。ほほほ」
という、その名の通り非常にイケズな習慣である。まあ、どれほどの効果があるかは定かでないが、気は心というか、おまじないみたいなものともいえる。
石に命はない。けれど、石には力が籠もる。夢を操る力。車を寄せつけない力。あるいは人の強い思い、あるいは神や魔さえも籠もらせて災厄を招くことすらできる力。私がポケットに石を詰め込みたがるのは、趣味というよりも古代人から受継がれてきたDNAの発露なのかもしれない。依代を拾い集めているのである。

奇妙-07 【エンザサンザ】
＊表延座参座　伏見区竹田桶ノ井町八・二　竹田小学校正門前
＊裏延座参座　伏見区竹田近鉄竹田駅東側下ル線路沿

　この世と、あの世の境目に立っているのだ——と思った。ありふれた住宅街。なにひとつ古(いにしえ)の気配を伝えるものとてない退屈な風景のなかに、それは突如姿を現した魔界への入口であった。
　近鉄・竹田駅。地下鉄烏丸線終点でもある。〈城南宮〉参詣時に利用するくらいで、ほとんどの洛中の住人にとっては親戚でも住んでいなければ馴染みのない土地だ。ここに奇妙な中世の遺構があると聞いて、やってきたのは残暑がのたうつような九月の半ばであった。
　降り立った東口の景色は京都市内とは思えぬ新興の地方都市めいた雰囲気。教えられた通り名神高速の高架を越えて線路沿いを南に向かう。と、すぐにそれは見つかった。
　なるほどこいつは奇妙だ。歴史の澱が凝ったような正体不明の遺構は京に数あれど、こいつはそのなかでも最高峰のひとつだろう。貧相なグリーンベルトの端。線路を隔てるコンクリート塀を背後にして、生垣とフェンスに囲まれた四角い水溜りがあり、その前には葉のついた竹が立てられて注連縄が張られているのだ。
　祠もない。岩石や樹木などがあるわけでもない。まさか、このドブ水を祀っているのか。それにしてはエラく立派な本式の注連縄だが。そういえば、三本足の鳥居で有名な〈蚕の社〉(このしまにます)〈木嶋坐

〈天照御魂神社〉は湧水が御神体だっけ……。
あまりにもワケがわからないので想像力が暴走して考えがまとまらない。とりあえず近所にもうひとつあるという類似物件を見てみようと決め、〈竹田小学校〉を探した。それは校舎の正門に至る細い道にあるという話であった。

辿りついてみれば想像に反して、そちらはもっと大掛かりなものだった。道の両脇に聳えた、かなりの古木と思しき二本の椋の間を高さ六メートルほどの位置で注連縄が結ばれている。こちらはあきらかに異なる世界を繋ぐゲートの役割を果たしているのだと察せられた。

すぐ傍らにある小さな四阿は、いちおう祠らしい。御神体は切り株。たぶんこれも椋である。樹木が祀られる場合、京都ではほとんどが杉。かつて鎮守の森に神社の依代として聳えていたものである。そうでない場合はいわゆる神木か、なんらかの逸話・伝説を秘めている。

竹田小学校は明治十三（一八八〇）年に廃社となった〈山王権現大宮社〉跡地に建つ。それは保延元（一一三五）年に鳥羽上皇が勧請した山王七社の神像を戴く由緒ある神社であった。ただしあくまで離宮〈鳥羽殿〉の産土神だったので鎮守の森はなかったはず。位置的にみて神木だったわけでもなさそうだ。だとすれば残るは樹を切り倒したことが原因で起こった（と考えられる）トラブルを封じるために祀られた可能性である。

こんもりと広がった樹幹の下、その陰のなかに囚われてしまったかのようにいつまでも私は立ち去れなかった。ドブ水のほうの注連縄もこちらを行ったり来たりしながら、

130

同じ目的で編まれ、架けられているのだとすれば、あの澱んだ水面はやはり彼岸のどこかへと通じているというのだろうか。

のちに井上頼寿氏の『京都民俗志』（平凡社）に、私は竹田の注連縄についての言及をみつけた。あれは「えんざさん」というのだそうだ。「道切り」といわれる風習の一形態で、入口というよりは村落に悪霊などが侵入してこないように張った結界のようなものらしい。

エンザサには「延座参座」の字を充てるけれど、はっきりした語源は判明していない。注連縄を綯うときの囃し声から「エンザサ」とも呼ばれる。なんとも呪術的な響きである。神道系の儀式でありながら明治期に胡乱な俗習として廃されていった経緯も興味深い。それまでは四十八塚ものエンザサが竹田をとり巻いていたそうだ。

ここはなにか特別な神祇の土地だったのだろうか。それとも鳥羽上皇の私的な呪術装置として機能していたと考えるほうが自然だろうか。なにしろ祖父である白河法皇の死後、崇徳、近衛、後白河の三代に亘り三十年近くこの地に閉じこもって政務を執っていたのだ。その間には後に「保元の乱」の火種ともなる崇徳上皇との確執もあったわけだし。

魑魅魍魎を眷族に従えて竹田を襲う崇徳上皇の怨霊を迎え撃つために必要だったと考えれば、かくも大量のエンザサが結ばれたわけも、それが自然消滅していったわけも説明できる。ゆえに離宮も消失し、山王権現も廃絶された段階で意味を失ってしまったのだと。

残暑の陽炎のなかで古代兵器の残骸が朽ちてゆく様を私は見ているのだと思った。

奇妙-08 【西院の眠り男】

＊阪急西院駅　右京区西大路四条　高山寺町

　会社員時代、私は京都の実家から大阪まで阪急京都線で約一時間かけて通勤していた。これがたまらなく苦痛だった。もっとキツい条件で職場に通う人たちがナンボでもいることくらい知っている。が、そもそも京都人は「鉄道」というものに弱い。路面電車なきあと、私たちにとってバスとタクシーが二大交通機関。嵐電（京福電鉄嵐山線）は明治から走っていたし、阪急だって昭和初期には開通している。ということはイコール「ほんなもん〝京都人の足〟とは口が裂けらは洛中の移動手段ではない。ということはイコール「ほんなもん〝京都人の足〟とは口が裂けてもズボンの股が裂けてもいえまへん」ってことなのだ。
　イヤイヤながらの通勤生活。とにかく忙しくて連日終電近くまでの残業だった。電車のなかでは本を読む気力すらなくひたすら外を眺めていた。そんなある日のことだった。
　その夜、いつにもまして遅くなった私は、最終の特急をミスり急行に乗っていた。当時、阪急京都線は西京極を通過したあと地下に潜り、一つめの特急停車駅が私の降りる「大宮」であった。だがそれが急行であったことをうっかり忘れ、トンネルに入って初めに停車した「西院」に条件反射で降りてしまったのだ。我に返ったときにはすでに遅し。小豆色の電車は動き出していた。

それを見送りながら次を待つかタクシーにするか逡巡しているとき私は奇妙な男を発見した。

蛍光灯の緑っぽい光に照らされた向かいのホームの端。彼はイーゼルを立て筆を握っていた。全身黒ずくめ。肩までストレートの髪をおろした痩せた男だったことは覚えている。映画『カリガリ博士』に登場する「眠り男」チェザーレみたいな感じ。けれど、上がシャツだったか薄手のニットだったかというディテールまでは思い出せない。顔つきもおぼろげである。

ゾッとしたのは彼がトンネルの先の暗闇を凝視していることに気がついたときだった。いやいやアートの人はインスピレーションがどーとかこーとかあるんだろう……と自分を納得させて出口に向かおうとした刹那、また私は気づかないでいいことに気がついた。

キャンバスが真っ白だ。

そのあとは必死である。振り返ったらアカン。こっち見たはったら洒落ならんナラン。頭のなかで反芻しながら足早にその場を去った。大阪方面行きである対面プラットフォームでは、とうに終電の時間を過ぎていることに思い至ったのはタクシーのシートに落ち着いてからであった。

地元の人々は「西院」を「さいいん」ではなく「さい」と発音する。かつて平安時代 "この世の彼岸" である西山と洛中を隔てる三途の川＝紙屋川の河原であったことの名残りだ。「賽の河原」のさいなのだ。なにかが迷って彷徨（さまよ）いだしても不思議のない土地ではある。

さて、それ以降は決して最終特急を逃さぬようにした私だが、それと同時に「西院」を通過するたびに窓からあの眠り男を探すのが癖になった。二度目の邂逅はまだない。

奇妙-09 【千躰仏(せんだぶつ)】

❷壬生寺　中京区坊城仏光寺上ル
❸天寧寺　北区寺町通鞍馬口下ル天寧寺門前町三〇一

「壬生狂言」は彼岸の住人による無言劇である。

単調な鉦囃子のなか檀家遺族が奉納した死者の衣装を身につけた念佛講の人々によって演じられる舞台は、芸能という形で繰り広げられる法要であり供養である。これを観る者は日本における演劇というもののルーツに【鎮魂】なる祈りがあることを体感する。死者によって教えられる。

夥しい犠牲者を出した正安二（一三〇〇）年の疫病禍にあって〈壬生寺〉の円覚上人が始めた持斎融通念佛を起源にしていると知れば「なるほど」と思う。

けれど死者から明け渡されたふだんの壬生寺には、喧騒に満ちながらも粛々と慎ましくもある狂言の日のムードも、歴史をたどれば平安時代以前にまで遡る古刹の佇まいも感じられない。猥雑な生者のエネルギーに支配されている。

百円入れると故三橋美智也先生の「あゝ新撰組」が流れる石とか、海底怪獣マンダが住む池とか、油断をしていると水を吹きかけてくる金色の亀とか、壬生寺はキッチュの吹き寄せだ。「帰依すれば、ひと夜で知恵を授かる」とかいう〈一夜天神堂〉や怪音を発する〈夜泣き地蔵〉、柿本人麻呂の灰塚なんていう曰くありげな石碑まで〝人が生きる〟ことの混沌を謳歌している。

壬生寺 千躰仏

けれど、ひときわ境内で目を引くのが巨大な【千躰仏】。平成元(一九八九)年に創建千年記念行事の一環として築かれた奇妙な塔だ。一瞬ブリューゲルの名画「バベルの塔」を思わせる。螺旋の建築はミャンマーのパゴダを模してあるという。築材の石仏やお地蔵は明治時代に廃仏毀釈の嵐を逃れて集まったもの。これも死者の供養であることは変わらない。

ずっと規模は小さいけれど〈天寧寺〉にも同様の塔がある。こちらは【無縁仏】が材料だ。菩提を弔う者のない墓を人が恐れるのは、忘れ去られた死者の境遇に共鳴してしまうせいだろう。して、その孤独ゆえに誰かに取り縋ろうとしているのではないかと想像してしまうせいだろう。

壬生狂言を奉納し、霊を慰撫する心理の裏にあるのと同様の恐怖である。

そんなふうに考えると天寧寺の塔は無念を抱えた霊の集合住宅。むろんほんのりと怖くはあるのだけれど、私はこれが好きだ。眺めていると無縁仏同士肩寄せあって「淋しいのはお前だけじゃない」と寂寥を紛らわせているような気がしてくる。

天寧寺みたいな小さなお寺ですら塔になるほどの無縁仏が出る。寺院と墓陵が犇めきあう京都全体を合わせると、どれほどの量があるのか想像もつかない。それらが放置され、ただ草生（くさむ）してゆくに任せるのであれば、いっそすべてを持ち寄って巨大な千躰仏、万躰仏を屹立させてみてはどうだろうか。そして供養の踊り念仏だの無言狂言だのを一週間くらいぶっ続けで開催するのだ。

この世の猥雑と混沌が、あの世の無念と寂寥を浄化する究極の鎮魂になりはしないだろうか。

奇妙-10 【わたしの神様】

とある老舗日本旅館を、そこの女将さんに案内してもらったときのこと。庭の片隅に小さな祠をみつけた。植木に遮られているけれど、豊かな苔の海に飛び石が浮いて続いている。
「あれ〈手水稲荷〉いいますのえ」彼女はちょっと恥ずかしそうに、いわくを説明してくれた。
旅籠は真っ白な漆喰壁をめぐらせた古風な宿なのだが、かつてそこで用を足してゆく不謹慎者に悩まされていたという。毎朝の掃除は若かりし女将さんの役目。当然、厭で仕方ない。「こんなことする不埒なちんちんは腐って落ちてまえ」と呪いつつ義務を果たしていた。が、ある朝、クチナシの実で染めたような壁を前に彼女は決心した。
赴いたのは〈伏見稲荷大社〉。そう。立小便除けのまじないといえばろタチドコロに効果があった。地下鉄駅の構内にまで貼られているくらいだ。一抱えも買込んで取り付けたとこ決まっている。お稲荷さんは霊験にうたれた彼女が勧請したものであった。
京の裏道には名もなき個人稲荷がたくさんある。きっとそれぞれ家ごとの逸話を秘めて祀られたのだろう。それを想うと、なんとなく愛しいような切ないような気持ちが湧いてくる。
伏見稲荷参道にはミニチュアサイズから、大人が優に潜れるものまで普通に鳥居が売られてい

る。この街では個人稲荷勧請は特別な行為ではない。誰もが気楽にカミサマを囲う。

高校時代のクラスメイトに由緒正しきヤクザの一人息子がいた。何度か遊びに行ったことがあるが、いつも開けっぱなしになった八畳間いっぱいの神棚に圧倒された。

なにしろ右から左の壁から壁、天井から畳まで掛け値なしにいっぱいいっぱい。しかも金箔張り。奥行もかなりあったので、人が座れるスペースは半分にも満たなかったと記憶している。

「トリップする」とかいって襖を閉め切りピンク・フロイドを一緒によく聴いたものだった。

あるときこの神棚の間で友人が奇妙な話をしてくれた。抗争をはじめ大事の前になると、組長である彼の父親は副組長を伴い潔斎してこの部屋に閉じ籠もるのだそうだ。

「中にいるのはオヤジと若頭だけのはずやのに、ときどき、もっとようけで話してる声がすんねん。そやけど"お籠り"のときは二人が出てくるまで絶対に立ち入り禁止やねん」

彼の家の玄関に続く私道には、この神棚の分社だという祠が祀られていた。鳥居が金に塗られた異色のカミサマだった。なりゆきで組員さんたちと並んで手を合わせた経験がある。このときこそ本気でビビったものだ。いったい祭神はなんだったのだろう。

前回帰国したとき道端でその友人とバッタリ会った。もはや立派な若頭である。ほんの少し立ち話しただけなのだが、ふと思い出してなんとなしに訊いてみた。

「ほな、いまはお前も"お籠り"してるんや。で、どや?」

しかし彼は「おう、そやな」と、なにやら謎めいた笑いで答えるだけであった。

138

怖いこわい人間

人間-01 【岩神さん】
❻❹ 岩上神社（岩上祠） 上京区上立売通浄福寺東入ル大黒町

 高校のクラスメイトで仲のよい二人がいた。私も気があってちょくちょく彼らと遊んでいた。

 大学卒業後、一人は家業の織物会社若旦那に納まり、もう一人は公務員になった。

 いつごろからだろう。二人がギクシャクしだしたのは。記憶に残らないほど些細な誤解が招いた諍いがエスカレートしてゆく様は傍目にも怖かった。そんなある日、若旦那氏が言った。お前は呪いを信じるか？　と。なんでも、知り合った拝み屋さんから「ストレスの元凶を断つ方法」とやらを教わり実行してみたのだそうだ。眉を顰（ひそ）める私を気にする様子もなく彼は笑った。

「俺のストレスゆうたら、あいつしかおれへんやんけ。どないなるか楽しみやわ」

 公務員氏が突然うちを訪ねてきたのはその数日後。挨拶もそこそこに「あいつが僕を呪っとるてホンマか？」と切り出した。私は、自分が聞いたそのままを話すしかなかった。彼は、「どーでもええわ。僕にも考えあるし」と吐き捨てて帰った。

 そして一ヶ月もしないうち、この一帯で若旦那氏についての〝ある噂〟を知らない者はなくなった。いわく――ややこし宗教に入らはったらしいなあ。退職願い出した社員さんが呪い殺されたんやて。いま、あそこの工場はサリン作っとるて出入りの業者が言うとったでー―。

【扉写真】
上・深泥池
下・行者橋

岩神さん

オウム事件直後だったのも災いしてか、すごい勢いでゴシップは広がった。共通の友達としては京都人の恐るべき巷説媒介能力に感心している場合ではなかった。が、どうしようもない。【呪詛】と【口コミ】の応酬。この図式は京の定番である。個人レベルだけでなく不動産屋がライバルの物件に「幽霊が出る」と触れて回るなんてのもその一種だろう。

社寺が絡んだ宗教戦争も多い。〈八坂神社〉と〈清水寺〉のシンパによる、東山の参道坂道＝早死にの〈三年坂〉か？　安産の〈産寧坂〉か？　の論争は有名だろう。けれど私はやはり地元の〈岩上神社〉、通称「岩神さん」にまつわる逸話を思い出してしまう。

元をただせば猪熊の〈冷泉院〉鎮守社に置かれていた庭石であった。二条城築城に当たって社を奪われてより怪異を起こすようになったと伝えられている。そのせいで洛中を転々としたのち、この異形の巨石を勧請したのは真言宗の僧であった。彼は母乳の出を増すご利益を喧伝して〈有乳山岩神寺〉なる流行寺をプロデュース。大成功した。

この人気に目をつけたのが西陣の氏子を二分する〈北野天満宮〉と〈今宮神社〉。「岩神に宿るは道真の怨霊に殺された藤原時平の乳母。天満宮を詣ると霊験はない」なんて流言を囁く輩もあれば、「岩神を詣る者は菅公の怒りに触れて災難があるだろう」と飛語を伝える人々もいた。神や仏は衆生を救済する。ただし帰依する者に限って……。

若旦那、公務員両氏は現在でも絶交状態らしい。どちらかが失明して、どちらかが事故の後遺症に苦しんでいるという。もっとも私も風の便りで聞くばかりだが。

人間-02 【京女】

❻❺祇園女御塚　東山区祇園町六〇四

　古びた京の旅館に宿をとったとしよう。案内された部屋には能面が飾られている。「般若」と「小面（こおもて）」、どっちが怖い？　それが怪奇映画で私が演出家なら躊躇なく「小面」を選ぶ。憤怒や怨念を露（あら）わにした「般若」より、感情を包み隠した「小面」のほうがずっと恐ろしい。
　「小面」が漂わせる粘着質の妖気。それは、そのまま【京女】が秘める怖さと同質のものだ。穏やかで、控えめで、楚々とした、京女的魅力とされるすべてが、ときに人を不安にする。
　が、私にいわせれば京女ほどわかりやすい人種はない。ちょうど小面をつけた役者が、ほんの少し頭を動かすだけ、僅かに首を傾げるだけで観る者に感情を届けられるように。
　「最小限の努力で、最大限の効果」。これが京女の言葉にしないモットー。努力を惜しむという意味ではない。無駄な努力をしないだけ。「アカン」と結論した彼女らは容赦なく直截だ。
　かつて親しくしていた生粋の京女がいた。彼女もヘンテコな場所が好きで、よく二人でぶらぶら歩きを楽しんだものだった。
　もともと寂しげな顔立ちの美人だったが、その日はひどくアンニュイだった。かと思えば子ど

もみたいにはしゃいだり。変だなとは感じていた。彼女は不倫をしていたので、なにかあったのかな、とか。けれど言いたいことは、なんとしても言うのが京女。こちらからは尋ねなかった。

いまはなきフルーツパーラー〈八百文〉で待ち合わせ、円山公園でおばけ枝垂れの葉桜を眺め、池端から〈高台寺〉をめざして南へ抜け、音楽堂前まできたときだった。

「あんなあ、あれなにか知ったはる？」

彼女は道端の崩れかけたような阿弥陀堂と、その前にある猫の額ほどの空地に視線を投げた。そこにある五輪石塔は白河法皇の妾后であり、のちに平忠盛の後室となって清盛を生んだとされる白拍子（当時の遊女）の墓なのだと彼女は教えてくれた。〈祇園女御塚〉と呼ばれているのだと。

「よう知らんけど、ここ、祟らはるんやて。小石を拾ただけで死んだ人もいはるんやて」

そう呟くと、彼女はついと塚に寄って草叢から人さし指の爪ほどの砂利を摘み上げた。

「ちょっと縁起悪いことせんとき！　と声を荒げた私を振り返りもせず彼女は呟いた。

「もう、ええかげん死んでもらおかと思て」

なにも問いただせなかった。その貌は孫次郎の小面をつけた『班女』のシテ方のようだった。やがて私が英国に渡ったことで自然に付き合いは絶えた。けれどいまでも、あの場所を通ると彼女を思い出す。いつのまにか、そこにはモデルハウスみたいな今風の寺院が建ち、塚も祟りとはどう考えても無縁な安っぽい宝篋印塔になっている。

人間-03 【一見さんお断り】

❻ 一力亭　東山区花見小路四条下ル祇園町南側五六九

もしかしてドッペルゲンガーなのだろうか。世の中には瓜二つの人間が三人はいるというけれど……。と、いうわけで、このあいだ帰国したときの手に汗握る恐怖体験を書いておきたい。〈一力亭〉の前にさしかかり、「この素敵な建物はナニ？」という質問に答えてお茶屋さんのシステムを掻い摘んで教えてから、悪名高き【一見さんお断り】について説明を始めた。

休暇を取って遊びにきていた英国人の相方と一緒に祇園を歩いていた夕暮れどきだった。〈一力亭〉の前にさしかかり、

まず、お茶屋さんというのはツケが原則なので身元のわからない人間を入店させないこと。内輪だけが原則なので異分子が紛れ込むと秘守性が危ぶまれること。客の一人一人に合わせたプライベートな接客をするので好みが判らない者をもてなす術を持たないこと。お馴染みさんを大切にするための方法論なんだよね。

「つまり一見さんを粗末にしているのではなく、雰囲気を壊されたくないわけ」

早い話がイギリスの「ジェントルマンズ・クラブ」みたいなもんだけど入ってみたい？と水を向けると相方は首を横に振った。ちょうど私たちは〈一力亭〉と並び称される有名なお茶屋さんの前へきていた。そのときである。女将さんとおぼしき人が格子戸を開けて姿を現した。視線

が合ったので軽く会釈をすると、彼女がひとこと。
「いやぁ先生やおへんのん」
「え、あ、いや、はあ」
私は京都限定で少しだけ名前が知れている。また、このお茶屋については以前に雑誌のエッセイで触れたことがあるから、きっと目を通されていたのだろう。その節はどーもなどと口籠もっているうちに、あれよあれよと「お茶だけでも」と相方ともども拉致されてしまった。
互いの誤解に気がつくまでに、さほど時間はかからなかった。が、それからが大変。約三十分あまり私はあくまで私であありつつ同時に彼女が間違えたナントカ先生として粗相のないように接待し続けた。彼女は彼女で私の素性を探りつつナントカ先生として振舞う必要があった。緊迫した空気が流れる。自己紹介できればどれほど楽か。しかし私が素性を明かせば、女将が半生かけて築きあげたプライドはズタズタ。一人の偉大なるプロの人生を護ろうと私は北島マヤもかくやと演じ、解放されたときは精も根も尽き果てていた。あんな経験二度としたくない。
それにしたって自分でいうのもなんだが私はナントカ先生と間違えやすい容姿をしている。人を見分ける専門家の目をして私と混同してしまうようなナントカ先生とはいかなる御仁なのか。女将が耄碌していたとは思えぬ。もともと縁のない場所だけど、やはり祇園には近づかないようにしよう。ドッペルゲンガーに遭遇して死ぬのは真っ平である。

人間-04 【老人】

❻❼イノダコーヒ　中京区堺町通三条下ル道祐町一四〇
❻❽湯たく山茶くれん寺〈浄土院〉　上京区今出川通千本西入ル南上善寺町一七九

資本主義的な効率ばかりを追った挙句、世の中はお子様とティーンエイジャーの天下になってしまった。また、老人は老人で「老いては子に従え」式に表通りから引っ込んで出てこない。大変不健康な状況である。

が、京都は違う。この街ではジジババがまだ厳然たる力を有している。金や権力を握っているだけではない。ディテールの部分で影響力が残っているとでもいえばいいだろうか。

たとえば京都のウドンは柔らかい。コシのある讃岐ウドンがどんなに流行しようと、京の麺処にあるウドンは永遠に柔らかいままだろう。これは老人の歯と咀嚼力を慮った結果である。

「スパゲティはなんぼでもアルデンテにしよし。そやけど我々の〝食〟であるウドンは柔（やら）かいまにしといてもらいまっせ！」

そんな老人たちの気概に京は支配されている。そして一事が万事、そんな老人の生理に基づいた決定が適用されているのだ。

朝の〈イノダコーヒ〉本店に行ってみるがよい。京都の〝実質〟を動かしているのは彼らだと理解できるはずだ。どんなに傍若無人なよそさんも、どこでも我が物顔のHanakoちゃんも、あ

そこでは借りてきた猫みたいに大人しくしているしかない。

パワーを持つというのは柔らかいウドンを徹底させるだけではない。世間では好々爺婆であることを迫られる老人たちがそれぞれに様々な個性を許されるということだ。京都にはキョーレツな個性をあからさまに露呈したジジババがうろうろしている。それはときに可笑しく、ときに恐ろしい。

私の友人いわく「いままでで一番怖い思い」をしたのはメロンパンを食べる老人を見たときだと断言する。病院の食堂で、いずこからともなく、しょーりしょーり……という音がする。と、どうやらそれは斜め前の老人がメロンパンを咀嚼する音だと気がついた。

「だって、そのおじいさんってば牛乳に浸して食べてたのよッ。しかも歯がなかったの。なのにしょーりしょーりって、いったいどこから音を立ててんのかしらッ!」

彼はオネエ言葉で恐怖を語った。

私が怖かったのは、近所に住んでいた【ゆっくりババァ】である。

うちの町内を含む、碁盤の目のヒトマス約五百メートル四方を二十四時間かけて散歩しているのだという噂が彼女にはあった。確かに、どんな早朝でも夜中でも表にいる彼女を見かけた。ゆるゆるゆる、しかし決して立ち止まることなく彼女は移動する。ひょっとして撥条(ぜんまい)仕掛けのロボットかもね、などと愚妹と私は話したりしていた。ある朝、ゆっくりババァが血まみれになって転

148

んでいるのを通学路で発見したのだ。
慌てて駆けより助け起こすと、彼女はニッコリ笑って「へえ、おおきに。大丈夫でっさかい」と答えたという。それでも放ってはおけない。救急車を呼ぶやら何やら大騒ぎになった。にもかかわらず翌日には額に絆創膏を貼ってゆるゆる歩くゆっくりババァの姿があったという。
元が体力なのか気力なのかは知らないけれど、彼ら彼女らは物理的なパワーも秘めている。
実家の近所に〈湯たく山茶くれん寺〉という尼寺がある。屋根の上に楽家の初代・長次郎作と伝わる「寒山拾得像」が置かれており、目の保養をするためにときどき伺う。
その日も存分に観賞し、デジカメに画像を収めて帰ろうとしたときだ。お寺の尼さんに呼び止められた。私の胸にも届かないくらいの可愛いおばあさんだ。三十分ほども話したろうか。では、そろそろ、と頭を下げて立ち去りかけた私の手首を尼さんが取って、ぐいと引き戻した。体重百キロを越すこの大男を軽々と……。彼女はおちょぼ口をつぼめて楚々と微笑んだ。
「そない急がいでも。お茶あがっておいきやす」
京のジジババ話を始めると、ほんとうにキリがない。
突然、私の腕を掴んで高層工事現場上部の赤いライトを指さし「あれ、ゆーほー（UFOのことらしい）と違いますやろかッ」と叫んだ女装のジーサマ。目が合ったと思ったら、その場で急にデングリガエリをしてみせた和服姿のバーサマ（森光子だったのかもしんない）。街は怖い老人でいっぱいだ。このパワーの源は柔らかいウドンだけではあるまい。

人間-05 【タクシー】
㊾深泥池　北区上賀茂深泥池町
笠トンネル　国道一六二号線北区小野〜右京区京北細野町
＊天ヶ瀬ダム　宇治市宇治金井戸

　タクシーの運転手と乗客の関係は一種独特のものである。ときに和やかに会話を交わしつつも、どこか張り詰めた感じが残る。まあ、ちょっと考えてみれば当たり前のことではあるが。客は見ず知らずの人間に無防備に体を預け、運転手もまた素性の判らぬ人間の指図のままにハンドルを握る。ドライバーが悪質でない保証はどこにもない。凶悪犯が手を挙げていないとも限らぬように。そんな不安に互いが気づかぬふりを通すことで成立しているのだから。
　京都人にとってタクシーは第二の足。市内を走るタクシーの台数は平成十六年度で九千二百台を越え、人口比で約百四十五人に一台の計算。全国平均の三倍以上だ。
　が、それだけ生活に密着していれば、それだけヤバイ運転手に、あるいは乗客に当たる確率も高いわけで、双方から様々な話を聞く。
　私がいちばん「厭やなー」と思ったのは超不潔個人タクシー。通称「汚タク」。けっこう有名らしい。ありとあらゆるガラクタと塵芥が車内いっぱいに散らばり、その臭いは鼻から吸う息を止めてもピリピリするほど強烈だとか。
　あと、眉を顰めたのが怪談好きドライバーの話。普通に愛想のよい中年男性らしいが、運転し

ながら「この家では心中があって以来よく出るらしい」とか「その公園のブランコは風もないのに揺れてることがある」などとガイドしてくれるのだそうだ。
制止すると礼儀正しく謝って黙ってくれるが、料金を払う段になって彼は言うらしい。
「そいでね、お客さん。霊感あるいう人がこの車に乗らはったら、必ず、助手席に青いシャツの男が座ってるて言わはんにゃけど。どないです？　お客さんは見えはります？」

さて、運転手諸氏の教えてくれる怖い乗客の話にも事欠かない。「乗せた客が消え、そのあとシートがぐっしょり」という全国区のタクシー怪談発祥の地が〈深泥池〉であるように、京都のドライバーは基本的に語り部として大変に優秀なのだと思う。

最近聞いたたなかでは〈笠トンネル〉の噂などが新定番化しそうな気がした。それは市内側入口公衆電話の前で突然にエンコするところから始まる。携帯も急に圏外になり、車を出るとボックスからベルが鳴り響く。トンネルの向こうのラーメン屋を思い出して走ってゆき顚末を話したところ店のオヤジは「しょっちゅうや。電話に出んで正解」と笑った。——というもの。

内容的に新味はないけれど、幽霊がより積極的で車の窓に張り付いたり屋根をどんどん叩いたりする〈天ヶ瀬ダム〉の "実話" ともども三度ほど耳にしたから拡散しつつあるようだ。ともあれ京都の心霊に彼らが一役買っていることだけは間違いなさそうである。
もしかしたら運転手と客との危うい緊張感に支配されたタクシーの車内ほど、怪談に適した空間はないのかもしれぬ。

人間-06 【ホーさん】

⑦ 瓢箪屋　東山区清水三-一七　産寧坂

清水坂から産寧坂へと曲がってすぐの〈瓢箪屋〉の前。彼女はその先で読経している僧に気づくや否や身を翻して店へ飛び込んだ。胸を押さえながら、いまだに怖ぉて怖ぉて、ちゃんと見れへんの。ただの強迫観念やて自分でも思うにゃけど……と呟いた。

彼女の【ホーさん】恐怖症については以前に聞いていた。ホーさんとは街角で托鉢する雲水のこと。「ほーーほおーーーおぉーー」と唱えているのでホーさん。【オーさん】ともいう。京都人はときおり、ほんとうにモノを考えてるのか？　ってくらい単純だ。

彼らは禅宗の修行僧。行く雲の如く流れる水の如く、ひと処に留まることなく師を求めて行脚することから「雲水」の名がついた。京都では民家を回って門付を乞う姿がまだ各所でみられる。数人で列を組み、ときに一人で、大路小路に「ほーーほおー」の声を響かせ歩く。

なにしろ単純だから、寺社・仏像などの造立・修復のための寄付を目的として勧化勧進を求めて普通に読経する僧侶たちもまた京都人はホーさんと呼ぶ。そんなわけで洛中はホーさんだらけ。恐怖症の彼女は、どこへ行くにもおっかなびっくりだ。

それは高校生のときだった。彼女は幾度もホーさんにつきまとわれたのだという。といっても

物理的な被害があったわけではない。ただ、どこに赴いても背後から一日中「ほーーほおー」の唸りが追ってきて離れない。特定のメロディが脳内でリピートして止まらない《ディラン効果》というのがあるが、そんなんと違うと彼女は主張する。室内では聞こえないのだ。振り向いても誰もいない。ただ立ち止まると一番そばの曲がり角にどんどん声が近づいてくる気がして、慌てて逃げるの繰り返し。

たったそれだけだが、しばらく平穏な日々が続いて恐怖が薄れてきたころに同じ現象が繰り返されたせいで彼女は精神的に参ってしまった。東京に進学してようやく現象はやんだが、ホーさんが怖くて在学中ほとんど帰京しなかったという。

少なくとも産寧坂に立ったはんのは尼さんやし大丈夫や、と私は彼女の手を引いて表に出た。彼女の体験が現実か妄想かは知らない。たぶん心理学者なら思春期の漠然とした不安がどーたらこーたらと診断したりするだろう。が、私に理解できるのは彼女の恐怖の深さだけ。托鉢尼の前を通り過ぎるときに私の手を握り返す指の力が、それを物語っていた。

昨年、彼女から葉書を受け取った。何年かぶりの便りには「結婚しました」の文字。幸せそうに微笑む彼女の脇に佇むのは——あろうことか雲水姿の青年僧であった。いったいなにが起こったのだろう。"愛の力"で恐怖症が克服できたのなら喜ばしいことだが。

なんだか私は、彼女がとうとうホーさんに追いつかれてしまったのではないかという想像を、どうしても拭い去れなかった。

人間-07 【イケズ】

なにが怖いといって、非京都人（よそさん）が最も警戒する"京怖"は【イケズ】ではなかろうか。それは正体不明のバケモノ、あるいは京都人の内面に潜むハイド氏みたいな怪物性として捉えられている。違うとは言い切れないが、その本質を理解していただくために、私が生まれて初めて経験した、いや認識したイケズを紹介してみよう。

京には「地蔵盆」なる習慣がある。八月二十四日に町内の子どもを集めて行われるお祭だ。この日の楽しみはおやつの配布。様々な袋菓子をばらしてアソートしたものが貰える。いろんな味が少しずつというのがサンタの長靴みたいで嬉しかった。が、ある年これが私に回ってこなかった。

「入江さんの家はお金持ちやさかい、こんなもんいらはらしませんやろ」

にっこり笑った彼女の顔がいまも忘れられない。いつもは優しい近所のおばちゃんであった。うちは客商売なので人の出入りが多く派手だったけれど羨望されるほどリッチではない。あの缶々を蹴りながら帰る道すがら、私は一年前の地蔵盆の記憶がなぜか鮮やかに蘇ってきた。あのおばちゃん、去年の福引きのときもボクになんか言うてはった……。割り振られた家族の人数分の引き換え券を持って挑んだ福引きで、その年、私はなんと特等と

一等を当てたのであった。そのとき私に景品を渡してくれたのが、やはり彼女だった。
「こんなもんまで浚（さ）ろてかはるわ。お金持ちにならはる家は違いまんなあ」
浮かれていた私はその言葉をまともに聞いていなかったけれど、ああ、あの瞬間からずっと彼女は私にイケズする機会を待っていたのだなあと悟った。ならば少なくとも私は、いくら食い意地が張っているとはいえ、いの一番におやつを受け取りに行くべきではなかったのだ。イケズには原因がある。される側に何の非もなくても、ただの言い掛かりであっても、その発生源には必ず蟠（わだかま）りが潜む。それに気づかずにいた時点で負けなのだ。
もし、いま私が当時の私の側にいれば、その日のうちに特等を携え彼女を訪問していたに違いない。「ほんのお裾分けでございます」と無理やり置いてきただろう。そのうえで、
「子どものチェからものを引っ手繰るほど困ったはるやなんて存じませんでしたわ。せっしょなこっちゃねえ。なんぞ、させてもらえることとおへんやろか」
てな話を、本人にではなく近所に触れ回る。それが正しいイケズの作法である。
イケズは得体の知れぬバケモノでも二重人格のなせるワザでもない。基本的には日常生活における警告達（イエローカード）だ。問題はイケズを発動するにあたってのジャッジが公平であるとは限らないこと。これがよそさんを、ときに奈落の底へと突き落とす。
だが、なにより悍（おぞ）ましいのは京都人が刺激的な娯楽としてイケズを半ば愉しんでいるところかもしれない。それは日常にメリハリをつける恐怖刺激なのだ。

155　人間

人間-08 【自転車】
⑫ 清水谷家の椋　上京区烏丸通下長者町上ル蛤御門東入ル

京都市内の路上で一番エバっているのは自転車である。もう、我が物顔だ。洛中はサイズ的に歩いても一時間半くらいで横断できてしまう。おまけに平たいので自転車というのは非常に適した交通手段ではある。そんなわけで京都人は自転車の運転に非常に慣れている。が、「慣れている」と「長けている」は違うので、しばしば鼻歌混じりの暴走自転車族に怖い目にあわされる。

とりわけ危険区域は〈御所〉の周辺。水こそ流れていないが御苑のぐるりは浅いお堀に囲まれている。音もなく背後から近づいてきた自転車をかわし、ここに落ちた経験は数知れず。というわけで御所の近くに用があるときは多少遠回りになっても御苑内を歩くのがベストの選択だろう。ここは一面に白砂利が敷き詰めてあるので、自転車走行にはあまり向いていないのだ。ばんばん御苑にも進入してくる。

だが、そんなことでメゲる京都の自転車族ではない。これは、いわば自転車による踏み分け道。ケモノ道である。同じ轍をトレースして自転車が走るうち自然に砂利が脇に掃けて地面が露出した巾五センチほどの御苑内専用道路といえよう。ソールに溝があったり革底の靴を履いているときは、ちゃっかり利用させてもらったりもする。

御所　清水谷家の椋

一本道はある種の御所名物といってもいいかもしれない。ひょっとして今日びの百鬼夜行は自転車で徘徊しているのではないかと思うくらい奇妙なエピソードも多い。

忘れられないもののひとつに蛤御門から入って梅園の方向に折れていた一本道がある。辿っていったところ、どういうわけだか道が途中にある〈白雲神社〉の中へと続いていたのだ。よほどの台数がトレースしないと一本道は生まれない。弁財天を祀る小さな社の境内はとてもじゃないが自転車に乗ったまま走れない。あれは、いまでも不思議である。

内裏を巡る白塀の西南角に聳える【清水谷家の椋】の周りでも奇妙な一本道を私は見ている。一言でいえばミステリーサークル。樹の回りを二重にとり囲んでいた。誰かの悪戯にせよ一本道ができるまでグルグルするとなると並みの根性ではない。普通はバターになっちゃうんじゃなかろうか。やはり京都の自転車族は、どこか計り知れない。

これは人から聞いた話だが、ときおり〝行き止まり〟の一本道があるのだという。彼は乾御門から自転車で乗り入れ、まっすぐ東に向かっていたそうだ。ちょうど右手に御所内・飛香舎に至る朔平門が見えたあたりでタイヤから伝わる感触が変わった。一本道を踏み外したのかな、と振り返ると通りのど真ん中で唐突にそれは途絶えていたらしい。

完成している一本道が途中で消えるということは、何十何百人という自転車族がそこまでは漕いできたということだ。なぜ、そんな気になったのだろう。彼は予定を取りやめ、そこから引き返したという。ハンドルを押して歩いたということだ。なにが、そんな気にさせたのだろう。

人間-09 【修験道】

❼❸ 聖護院　左京区聖護院中町一五
❼❹ 行者橋　東山区東大路白川通東入ル上ル古川町

「×月×日夕刻、貴家に於いて家内安全息災吉祥の御祈願を致したいと存じます」
そんな葉書が突然に届いてビックリした。ほんとうに誰か来るのか、どうしたらいいのか、京都ではよくあることなのか？――と、東京から越してきた知人に相談を受けた。道端で突然「幸せを祈らせてください」と申し込まれたことならあるが、その押し売りバージョンだろうか。
差出人には、まったく思い当たる節がないと彼女はいう。そこで次に会うとき葉書を持ってきてもらった。謎は考えるまでもなく氷解した。
「なんやこれ。阿闍梨（あじゃり）さんやんか。知り合いに山伏さんがいはるん違う？」
彼女は「そういえば」と、ときどき比叡山に籠もって修行をしている在野の信仰家グループ。ご出した。それなら大丈夫だ。あの人たちは"趣味"で修行をしている叔父さんがいたことを思い祈禱も自発的な申し出なら、法外な金銭の要求はまずない。常識的な「お礼」さえすればいい。
密教をベースにした【山岳信仰】の修験者である点は共通しているが、阿闍梨と山伏は異なる存在である。しかし正直、一般人の目にはどちらも異様な装束の一群でしかない。高野の聖、念仏行者、それに虚無僧なども拠点の山が違うだけだと考えても日常生活に差し支えはない。

怖い人たちではなくとも修験者たちが近寄り難い存在なのは確かだ。寒中托鉢シーズンに山伏たちの洛中拠点〈聖護院〉などで群れをなす彼らはかなりインパクトがある。

なぜ山岳信仰を奉ずる人々が恐怖の対象になるかというと特異な装束に加え、護摩を焚いたり印を結んだりといった呪術的な加持祈禱を行うからだろう。また、修験者はきわめて峻厳な荒行を積んでおり、それが醸し出す威圧感のようなものも原因かもしれぬ。

崖から逆さ吊りになって問答したり、不眠不休で一日何十キロも山道を歩くのは、人の背負う罪や穢れを引き受ける行為だという。衆生の身代わりになっているわけだ。横になって眠ることも許されないなかで山＝神と交わり、一体化してその気＝霊力を体内に蓄えてゆくのである。

たとえば件の友人の親戚である比叡山の修験者のなかには《千日回峰行》なんて荒行を積む者もいる。これなどは七年がかり。延暦寺の記録では満行した者は五十人に満たない。途中放棄するときは死を選ばなければならないという。普通の感覚からすれば人間ではない。

白川に架かる〈行者橋〉で千日回峰行中の阿闍梨さんを目撃したことがある。彼らの修行内容を知っていれば幽霊や妖怪に遭遇するよりも珍しいことだと理解できるから。たぶん真の意味で「畏怖」なる言葉を実感した最初で最後の経験だろう。幽霊や妖怪を見るより怖かった。

誤解を恐れず言ってしまえば人が人であることを凌駕しようとして自らを変質させるという点で、修験道は丑の刻参りやもののけとなった橋姫、蛇になった清姫などと同様の存在である。ならばただの人である私たちの恐怖はしごく当たり前ではないだろうか。

風景
怖いこわい

風景-01 【廃屋Ⅰ　屋根裏の狂女】

⑦⑤ 了徳寺　上京区河原町通今出川下ル梶井町四四七
⑦⑥ 大峰寺趾　上京区新町通武者小路西入ル下ル

【扉写真】
上・廃屋「ハルクの家」
下・武信稲荷　稲荷像

Madwoman in the attic──「屋根裏の狂女」という慣用句がイギリス英語にはある。「屋根裏の狂女」という慣用句がふと頭をよぎる。他人には窺い知れないトラブルを抱えていたりする。

どんなに理想的に見える一家でも、こっそりと隠しておきたい恥部がある。

住宅街を歩いているときに廃屋を発見すると、その慣用句がふと頭をよぎる。なぜ、この家は息の根を止めてしまったのだろう。住んでいた人々はどこに行ったのだろう。様々なことを思わずにいられない。私が廃墟・廃屋に魅せられる理由は、その背景にあったはずの滅びのドラマに共鳴するからに違いない。

屋号や看板を出しっぱなしのまま朽ちるにまかせているような場所はいよいよ哀しげだ。〈東寺〉の近くの弁護士事務所。嵐山の端正な住宅街にあった歯医者さん。それが世間的に「先生」と呼ばれているような職業だったりするとなおさらである。盛者必衰感がしみじみと胸に迫る。

また、ごく当たり前に活気のある地域にポツリとあったりするのも怖い。たとえば京都に帰ったとき、最も頻繁に散歩する大宮通り。この観光客とは無縁の長い商店街の並びにも、まるで虫歯みたいに廃屋が紛れ込んでいる。

いつも杉板の雨戸を固く閉ざしたある家は、その二階の端が無残に壊れており廃屋であることを如実に物語っている。通りから見る限りでは、どうやら納戸か小部屋があったらしい。それこそ、そこに幽閉されていた狂女が壁を破って飛び出したように内側から外に向かって決壊しているのがなんとも奇妙だ。

大宮には北大路をちょっと越えたあたりにも、押し潰されたような廃町屋があって、これも私のお気に入り。屋根の前部が叩きつけられたみたいに陥没している感じが、怪獣か巨人に破壊されたみたいなので「ハルクの家」と呼んでいる。

ある日のこと私が飽かずに眺めていたら、近所に住んでいるとおぼしきオバサンが「それな、ある晩メリメリゆうて勝手に壊れたんえ」と教えてくれた。あんな崩れ方するやなんて、古い家て怖いなあ……と彼女は眉を顰めた。きっと不安なのだろう。まして毎日のように目にすれば。

だって、どう考えてもそんなの不自然だもの。

不安を煽るといえば出町〈了徳寺〉。

了徳寺といっても「大根焚」で有名な右京区鳴滝の古刹とは別の寺院である。どちらも〈東本願寺〉系列である真宗大谷派のようなので、なんらかの関連はあるのかもしれない。が、こちらは京洛ど真ん中の大通りに面していながら、もう、長いことフェンスと鉄条網に囲われて荒涼とした姿を晒している。

当山を含む一帯の土地が元有栖川宮邸だったことが判っているくらいで、あまり資料は残って

163　風景

いない。神社とは異なり寺院は檀家収入があるから、そう簡単に潰れたりはしないものなのだが、駐車場や住宅用地として敷地を切り崩す寺も昨今は多い。とくに街の中心部で大建築を維持してゆくのは宗教法人といえど大変なようだ。

が、了徳寺の立地はそこまで繁華街というわけでもないし、規模だって知れている。なんらかの理由でいっぺんに揃って檀家が絶えてしまったら、そりゃあ立ち行かなくなるかもしれない。けれど、そんなことってあり得るだろうか。

むろん洛中にだって手入れが行き届かず廃墟と見紛う荒れ寺はある。〈大峰寺趾〉みたいに児童公園化した場所も珍しくはない。けれど、ただただ無人のまま捨て置かれた寺院は他に思いつかない。いずれにせよ、よほど逼迫した事情があったに違いない。了徳寺の前に佇んでいると想像力が搔き立てられる。いったい、どんな狂女を屋根裏に隠していたのだろうかと。

そもそも京都の古い家や神社仏閣などは、そういう意味で廃屋でなくともどこかしら怪しく見える。狂女の一人や二人、こっそり平気で幽閉しておけるスペースがなんぼでもありそうだ。

「京都人は美しい檻に住んでいる」といったのは哲学者のフェノロサだが、存外、そういう含みも持たせた言葉かもしれぬ。

164

風景−02 【墓池】
(はかいけ)

❼西方寺　北区西賀茂紫竹西通上ル鎮守菴町五〇

ずっと長いあいだ私は【墓池】のことが頭から離れなかった。十数年前、【血天井】の〈正伝寺〉を訪ねた帰りに偶さか発見したあの強烈な風景のことが──。

竹林を割って続く小道をしばらく歩くと、右手にゴルフ場がひらけた。フェンスの向こう、お年寄りがぽつりぽつりとプレイしている。どこまでフェアグランドが続いているのか見当もつかなかったのでちょっと不安になったが、思ったよりも早くそれは雑木林に飲み込まれていった。

そのあたりから野原にツギアテしたように猫の額ほどの野菜畑が点在する風景が現れ、それも通り過ぎると、いつしか畦道は踏み分けに変わった。やがて藪のなかに崩れかけた墓石が見え隠れしだし、本格的に己の失敗を悟ったけれどビクつきながらもなぜか引き返そうとは思えなかった。ヤブガラシが這い回る草茫々の坂を降りてゆきながら、私は少し後悔しはじめた。

墓石が増えてゆく。ということはいつのまにか霊園に紛れ込んでしまったのか。無縁仏と呼ぶにも足りない打ち捨てられ崩れかけた碑の数々は……見捨てられた廃陵なのか。まるでカルスト台地に浮かぶ石灰岩の群れのように、それらの墓石は地面から隆起したか、雨風に洗われて露出したか、半ば天然の産物めいて見えた。

165　風景

池があった。西側の山から流れてきた水が溜まったものだろう。池を塞き止めているのは乱杭歯のような墓石だ。土手に墓が築かれたのではなく、あきらかに墓を土堰堤代わりに使っていた。その隙間から池の水が溢れて砂利道を洗っている。砂利の下、石畳めいて透けているのが御影石だと。

道に墓が敷かれている？　そんなことが可能なのだろうか。真夏の陽射しが風景から現実味を奪っていた。まるで悪夢のなかを歩いているみたいだった。

いっときは終わらないかとも思えただらだら坂も、ようやくおしまいに近づいたようだ。けれど辿りついた広場の眺めはさらに想像を絶した。先ほどよりも一回り大きな池が目の前にあり、澄んだ水の底に無造作に突っ込んだように墓石が沈んでいるのだ。何本も何本も何本も。

むしろ墓地の一部が陥没して、そこが自然に池になったというほうが正解であろう。そしてそれが溢れ出さないように倒壊した墓石でダムを築いたわけだ。ここまでくると、もはや怖いとも感じなかった。「どうしょう」とすら考えられず、ただ呆然としていた。

視界の端に二、三人の子どもを見つけて、私は一瞬びくりとした。が、どうやら生身の人間らしい。墓石に腰掛け、神妙な顔つきで墓池に釣り糸を垂れている。

いったいどんな魚が釣れるのだろう。妙に太ってたりしたら厭だな。なんとなく。——とかひとりごちながらその子たちを眺めるうち不思議なことに私にも、この風景を当たり前に受け止められる精神的余裕めいたものが湧いてきた。

墓池

池を通り過ぎると左手に出口があった。門や柵はないけれど嘘みたいに広い舗装道路になっている。狐につままれた気分で数十メートルも進むと、白壁の寺院に出会った。〈西方寺〉とある。覗くと一服させてもらえそうな設えだ。私は躊躇なく山門を潜った。

【墓池】がこちらの霊廟であることは、休憩所に置かれていた資料を捲っているうちに判った。読めば五山の「送り火」で「船形」をお世話されている保存会の拠点でもあり、当日は法要のための六斎念仏（空也上人考案の「踊り念仏」から派生した祈禱芸能）が行われてかなりの賑わいになるらしかった。

その墓所がどうしてあんなに荒廃しているのだろう？　以来私にしてはずいぶん根気強く調べてみた。が、得られた情報は墓池が京都を代表する心霊スポットのひとつだったということだけ。あそこだけは「ヤバイ」「ヤバすぎる」という言葉が撒き散らされていても、どう「ヤバイ」のか、なぜ「ヤバすぎる」のかを語ったものはなかった。

二〇〇四年に帰国したおり、久しぶりに【墓池】を訪ねた。こんどは〈西方寺〉経由だったので呆気ないくらい簡単に見つかった。記憶どおりの池がそこにはあった。けれど水底にも参道にも墓石はなく、普通の霊園風景が広がるばかり。立て看板によれば、近年、有志の檀家によって徹底的に整備されたらしい。喜ばしい。間違いなく喜ばしいことなのだ。

風景-03 【古井戸】

㊆ 一和　北区紫野今宮町六九
㊈ 観世井　上京区大宮通今出川上ル観世町一三五・一
㊵ 梅雨の井　上京区松屋町通下長者町上ル東入ル東堀町

　恐怖といってもいろいろある。なかには「無害な怖さ」「キレイな怖さ」なんてのも存在している。今日的な符丁でいけば〝キモかわ〟〝ブスかわ〟などに属するジャンルといえよう。社寺にせよ絵画彫刻にせよほんのり怖い風情は色気の一種。〝色こわ〟だ。
　京の〝色こわ〟な風景のひとつに古井戸がある。まだ釣瓶式、汲み上げ式の古色蒼然たる井戸が大路小路の片隅に残っている。それだけ地下水が豊富だった証左だろう。
　私が知るなかで洛中最古の井戸は〈今宮神社〉横、名物「あぶり餅」の〈一和〉さんの店先にある。井桁を組まずに地べたから掘り下げたもの。水面まで階段を降りて汲みにゆく竪穴式。この井戸に入らせてもらうと、ほんの三メートルほど地下に潜っただけなのに外界から完全に遮断された気分になる。なにか想像もつかない〝大いなる存在〟と直面しているような、神話的体験というと大袈裟だろうか。とにかく、あからさまに異界なのだ。店のおばあちゃんは「弁天様の通り路なんや」とおっしゃる。
　以前二時間ドラマの撮影班から、井戸で死体発見シーンを撮りたいという申し出があった。アホちゃうか！　と彼女は追い返したそうだが、演出家の気持ちはわからなくもない。

〈西陣（旧・桃園）中央小学校〉内に保存される〈観世井〉もまた子どもたちの喚声に囲まれ、ひっそりと息を凝らす非現実的な空間であった。ここは能の観世邸跡。玄関正面の職員室に声をかけると気安く案内してもらえた。その鎮守稲荷社ごと井戸は守られている。小学校だけあって事故防止のための高い鉄柵が設けられ、しっかりと施錠されている。

思い出すのは境内の山茶花。果実のように蝉の抜け殻がびっしり付着していた。よく見れば観世井の屋根にも稲荷の祠にも大量に付着している。気味悪くなってソソクサと撤退した。

"色こわ"というには凄惨な印象がある場所だけれど〈梅雨の井〉も私が愛してやまない市井の遺構である。もっとも井桁の石組も崩壊し、汲み上げるポンプも錆びついたいまは、現存する唯一の聚楽第の遺構といっても偲ぶよすがもない。寂寞感に染まっている。

井戸は草の生い茂る空地に面しているのだが、これは〈八雲神社〉という小社跡。地上げにあって取り壊された。梅雨の井も、すんでのところを近隣の人々によって護られた。八雲神社だけに「八重垣つくるその八重垣を」の精神で頑張られたらしい。

もはや無用の長物でしかない古井戸を埋めてしまうのは簡単だ。けれど、それを生き永らえさせるのが京都人の矜持であり町衆のポテンシャルだといえよう。私は梅雨の井が、まがりなりにも姿を留めていることがとても嬉しい。やはり少し怖くもあるが。

こんど洛中で"色こわ"に出会ったら、その生命力に花束をあげてください。

風景-04 【納札所】

㉛上御霊神社　上京区上御霊前通烏丸東入ル上御霊竪町四九五

神様の死骸が累々と折り重なっている……。神社の境内にある【納札所】を覗くと、いつも私はそんな感想が浮かぶ。

納札所というのは、ぶっちゃけた話が古くなったお札や御守などの捨て場所。家では処分に困るので神社さんにお願いして焼却してもらうわけだ。「困る」といっても燃えるゴミか燃えないゴミか判断できないからではない。長いことお世話になったご恩があるから破棄するにせよ他の塵芥と一緒くたにするのが申し訳なくて「困る」のである。ま、普通の感覚を持った人ならば。

なぜ、こんな言わずもがなを書くかといえば、私は以前、紅葉燃ゆる〈上御霊神社〉でトンでもない女性に遭遇してしまったからである。

上御霊神社といえば政争に巻き込まれ非業の死を遂げた人々の怨霊を祀り鎮める社だが、こちらには本殿のすぐ側のたいへん目立つ場所に納札所がある。一般的な御札類に混ざって、護摩木や千羽鶴、仏具、不祝儀袋、古びた人形とか枯れた樒（しきび）、お供えの花などがギッチリみっちり詰め込まれており、なかなか凄絶な風景だ。

一度など、戒名が書かれた位牌が棄てられており、さすがに息が止まった。死者に鞭打つとい

う言葉があるけれど、いかなる心理で誰の位牌を投げ入れたのか。どんな憎しみを位牌の主に抱いていたのか。ただ邪魔っけだったからという理由だとしたらもっとコワイけど。少なくとも、その脇にあったビニール袋入りの壁土色の粉は、線香立てに溜まった灰だと信じたい。

上御霊神社は境内に一休みするための四阿を設けて下さっている。ここに腰掛けてぼんやり時間を過ごすのはすこぶる気持ちがよい。ことに紅葉の時期は格別だ。しかしその日、私は鮮やかな秋の綾錦よりも、離れた床机に腰掛けていた女性に横目が釘付けだった。

彼女は「ふくよか」などと表現してしまうと、ほとんど皮肉に聞こえそうな体型をしていたのだが、むしろその独特なスタイルの成立過程を肉眼で観察していることに私は興奮していた。いま、視界の隅で、彼女は神社からそう遠くない〈パパジョンズ〉という有名洋菓子店の五つめのNYチーズケーキを食べ終わったところであった。

問題はここからだ。法悦の笑みを浮かべて口の周りをティッシュで拭い、〈よーじや〉の脂取り紙を何枚か重ねて小鼻をぎゅっぎゅっと押さえたあと、彼女はそれらを丸めて空き箱に入れクシャっと潰し、なんの躊躇もなく納札所に投げこんだのであった！

のしのし去りゆく彼女の後姿を眺めつつ私は納札所からその箱を拾い上げゴミかごに移した。なんとなく彼女の体型はケーキ五つのイッキ食いのせいというより、そういうことを平気でしてしまう無神経が原因ではないかと思った。こういう子は御霊神社に祀っても鎮められないような気がする。せいぜい長生きしてもらいたい。

風景-05 【千社札】
❽車折神社　右京区嵯峨朝日町二三

無垢な顔をしたなんの罪もなさそうなものが、京都という土地では裏に隠した禍々しい素性をふとした折にちらと覗かせたりする。たとえば【千社札】なんかもそうだ。近頃はほとんどプリクラのバリエーションみたいに扱われているが、元来あれは社寺への奉納品なのである。

江戸期以降、神仏詣が庶民の娯楽として定着してからは参拝記念——早い話が合法的な落書き——としての意味あいが強くなったけれど、そもそも銅板で作られていた時代には自分の名前を賭して一願を訴える真剣な呪術行為であった。

縦四寸八分、横一寸六分の一丁札であること。墨による単色刷りであること。書き込むのは自分の本名のみ。「子持ち」と呼ばれる中枠のサイズまで、正しい千社札には細かな決め事がしっかりと定められている。多色刷りや柄入りなど論外なのだ。

拝殿やお堂の天井や壁などに貼られた千社札は長い年月が経過するうちに紙の白場（しろば）が腐食落剝し、墨刷りだけが捺印されたように残る。これを「抜け」といい満願成就の証とされる。

ときおり他人の札に重ねて貼る馬鹿がいるけど、あれは言語道断。マナーの問題というより危険だからだ。「抜け」の跡だって避けたほうが無難だが、まだ許される。重ね貼りするってこと

は誰かの祈りを妨げる呪詛に他ならず、無意識であっても外法を用いれば報いがある。最近はそんな不心得者の増加で千社札を禁止する社寺も増えた。まあ、それも致し方なかろうとは思う。私の知る限りだと京都の有名どころでは〈車折神社〉が摂社〈芸能神社〉をまだ開放してくださっている。

もっともここに皆が残してゆくのは憧れのスタアたちの名前が刷られたもの。彼ら彼女らに代わってヒット祈願してゆくわけだ。神社に林立する朱い玉垣の記名を見ればわかるように、ここはアイドルから花柳界まで実に多彩な芸能人の参拝がある。だから小祠は札まみれ。規定外が多いのは気になるが、それでもファン心理がいじらしく微笑ましい。

しかし私はここで一度えらい怖い状況を見たことがある。とある俳優の千社札に社がジャックされていたのだ。それも全てが上重ね。ご丁寧にそれらは写真までプリントされており、いくら熱狂的でもその執念にゾッとした。これを貼った人間がストーカーでも私は驚かない。祠の上のほうに貼られていたものは難を免れやったのは、きっと背の低い子だったのだろう。

て他の芸能人の千社札を覆い隠そうと試みた模様……。

ていた。が、僅かに重なって捩れた札がくっついていたところをみると、あきらかにジャンプして他の芸能人の千社札を覆い隠そうと試みた模様……。

くだんの俳優は私がその光景を見て間もなく小さなスキャンダルがきっかけで呆気なくスクリーンから姿を消した。はっきりいって彼の場合、直接の原因は事件というより実力不足だろう。千社札に印刷されていたあの作り笑顔が忘れられなかったりする。

風景-06 【廃屋Ⅱ　闇の旅籠】

＊笠置観光ホテル　相楽郡笠置町　国道一六三号笠置トンネル手前右折　木津川沿
❽雲ヶ畑廃屋　北区　府道六一号線岩屋橋北
＊喜撰山廃墟群　宇治市志津川東詰龍ケ壺

世に廃墟・廃屋愛好家は多い。一緒にされがちだが彼らは必ずしも心霊スポッターではない。怖い体験をしたい！幽霊を見たい！という趣味はあまりなくて、ただそれらの場所が漂わせる無常感とか寂寞とした雰囲気を味わいたいだけなのだ。

かくいう私も、その一人。かなり廃墟・廃屋のたぐいに惹かれる体質である。とくに煉瓦造りの廃工場とか煙突などに弱い。あきらかに原始的な型のボイラーだのエンジンだの、使用目的不明の巨大な機械の残骸とかが転がっていると胸が高鳴る。

ただ、残念ながら京都にはさほどインダストリアルな物件がない。西陣のあたりをブラついていると放置された昭和初期あたりの織物工場に出くわさないでもない。が、洛中には廃墟を廃墟のままいつまでも残しておける余裕はない。あっというまに町家ショップだ。

私が最初に見た本格的な廃墟は、すでに解体されてしまった滋賀県・雄琴の〈琵琶湖（木の岡）レイクサイド〉。これには感動した。まだ高校生だったが、たぶんあの経験が私を廃墟に向かわせるのだろう。京都では〈笠置観光ホテル〉が比較的近い虚無をかつては漂わせていた。

ただし、ここは有名になりすぎた。マナーのなってない心霊スポッターに荒らされて──廃墟

175　風景

が荒らされるというのも不思議な表現だが――珍走団御用達の「わくわく幽霊ランド」になってしまった。おそらく京都にある物件のなかでは、最も車でアクセスしやすいからだろう。私が最初に行ったころには大量の落書きもなかったし、人為的な破壊ではなく自然な荒廃に支配されていたのだが。廃墟に向かって「昔はよかった」と呟く日がこようとは。

人気が出てダメになったという点では〈雲ヶ畑廃屋〉も同様。このままでは〈愛泉病院〉みたいに取り壊されるのも時間の問題である。京都バスで、ほとんど乗りつけられるロケーション。山道の右手にポツンとある二階家だが、もはや昼間に見るぶんにはこの辺りで頻繁に起こる土砂崩れのほうがずっと怖い。

やはり、すっかりメジャーになった通称〈大原の小池邸〉なども含め、洛外の味わいある廃墟をひっそり愛でることはもはや難しい。もう〈喜撰山廃墟群〉くらいにまで出かけるしかない。あのへんは幽冥界ギリギリの山懐である。

喜撰山は小倉百人一首で「わが庵は 都のたつみ しかぞすむ……」と詠われた場所。穴倉の中に石像の座す〈喜撰法師窟〉や巨石信仰の対象〈伊勢講山〉など、人の〝畏れ〟を喚起する遺構の数々。そこに古代遺跡めく放置されたダム建材（インダストリアル！）や草生す数々の廃墟が混ざり合って隠微なワンダーランドになっている。

廃墟・廃屋の観賞は失われた人々の営みを悼む鎮魂の作業だ。それに相応しい態度で臨みたい。

風景-07 【鬼門】

㊙ 下鴨神社　左京区下鴨泉川町五九
㊙ 阪急百貨店　下京区四条通河原町東入ル真町六八

【鬼門】が原因で死んだ人を知っている。といっても私が勝手にそう思っているだけなのだが。

しかし、どうしてもそんな気がしてならない。

彼女とは、とある会合(オフ)で知り合った。本当に京都が好きで、京都に通ううち病膏肓に入りとうとう小さな町家を借りて住んでしまった子。可愛いけど思い込みが激しい……という印象。

ときおりメールのやり取りはしていたけれど、実家からそう離れていない彼女のスイートホームにお邪魔したのは前回帰国したときが初めてだった。

チャイムを鳴らして彼女が出てくるまでに私は玄関に異様なものを発見した。盆栽？　いや違う。なら箱庭かなにかか？　それとも。──嫌な予感は的中した。家の東北に当たるその部分を石で囲み白砂利を敷いたそのスペースは「鬼門封じ」なのだと彼女は笑った。毎日、お酒と盛り塩を欠かさないのだと。色褪せた御守は比叡山〈延暦寺〉から貰ってきたもの。意味を問うと、

「だって王城鎮護に置かれた寺院でしょ。京最大の鬼門封じだっていうから」

とりあえず「ようよう調べてからにしーや。生兵法は怪我の元やで」とだけ言って、私はソクサと暇(いとま)を告げた。彼女の訃報に接したのは、ほんの数ヶ月後。共通の友人からだった。

原因は詳しく判らなかったが、あのなんちゃって鬼門封じが鮮やかに記憶に蘇った。いったい誰の言い出したアイデアかは知らないが鬼門封じとはなんであろう。鬼門は「封じ」られないから鬼門なのである。なにをしても無駄なので「ほったらかし」にしておくのが基本だ。洛中最大の鬼門といえば、これは〈下鴨神社〉の「糺の森」。こちらなど有史以前から三万六千坪に亘って「ほったらかし」である。

いままで見たなかで完璧だ！　と思った鬼門は京都〈阪急百貨店〉。地下の東北に当たる部分を、まるでブロックを抜いたみたいにポコッと欠こませてある。コンクリートで壁を塗り固めた、がらんどうの空間がただそこにある。これも小林一三翁の教えであろうか。素晴らしい配慮だ。だいたい鬼門という考え方は都市に応用するものであり個人宅に敷衍してどうこういうものではない。そもそも洛中は碁盤の目なのだから、よほどヘンテコな建てかたをしないかぎり玄関が鬼門に向かって口を開けることなどないのだ。

彼女の行為は「ほったらかし」にして素通りさせるべき鬼門からの侵入者を、あたかも〝神〟のように扱い家に籠もらせてしまったことに他ならない。なんの確証もないけれど、それが彼女の命を蝕んだのだとすれば遣(や)り切れない。

イケズを覚悟のうえでなら京に住むのは構わない。あちこちに滲む魔界の影にロマンを感じるのもいいだろう。けれど、それらは玩具ではない。弄んではいけない。いざというとき安倍晴明が助けにきてくれるわけではないのだから。

風景-08 【墓地】

❽⓺ 大谷廟（東大谷祖廟）　東山区下河原通八坂鳥居前東入ル円山町
❽⓻ 金戒光明寺　左京区黒谷町一二一

石材店の河波忠兵衛さんに「墓のない人生は、儚い人生と申します」とローカルCMで耳にタコができるくらい教えられて育つから……というわけでもないが、京都人はお墓に妙な親近感がある。彼らにとって墓は恐ろしいものではない。墓地だって闇雲に怖い場所ではない。

ご先祖さんの家、ご先祖さんの住んだはるところ、といった感じだろうか。だいたい寺院があれだけあるということは、それだけ墓場もあるということ。つまりは「あって当たり前のもの」なのだ。京都には石碑が多い。ときに判断に苦しむ風景に出くわすこともある。あまりに当たり前すぎるのもいかがなものか。「月極ガレージ」みたいな日常風景の一部なのである。つまりは「あって当たり前のもの」なのだ。京都には石碑が多い。ときに判断に苦しむ風景に出くわすこともある。あまりに当たり前すぎるのもいかがなものか。

期待して覗き込んだら「△△家代々之墓」だったり「○○寺跡」だの「××院址」だったりすると、やっぱりぎょっとする。もっともそういうのはたいがい、お骨が納められた本物ではなく石材店や墓石屋さんのサンプルだ。TVで宣伝してしまう河波忠兵衛を始め京都のそれらはハジけたところが多い。いや、むしろ小さい石材店ほどアナーキーに走る傾向がある。創作欲の赴くままに墓石芸術を爆発させている。いままで見た中で一番怖かったのは「巨大な唇」。ダリの墓にならいいかも。

しかし玄関に墓石を並べた家ってどうなのよ？　とは思う。展示スペースがなければ軒先に置きたくなるキモチは理解できる。でも、ごく普通の町家の前に林立させるのは問題があるのではなかろうか。三条大宮にある某店は、そのすべてに表札に出ているご主人の名前が彫られていて、かなり怖かった。合間に鉢植えを飾っているのは僅かでも異様さを緩和しようとしてのことかもしれない。が、はっきりいって成功しているとは言い難い。

もっとも人間は環境の産物だから、よそさんの目には異様でも玄関に墓のある家の周りで育った子どもは平気で霊園を遊び場にするようになる。〈大谷廟〉や〈金戒光明寺〉など「大谷さん」「くろ谷さん」と親しまれる市民の憩いの場所である。

このあいだ京都に帰ったときも「くろ谷さん」を訪ねた。麗らかな陽射しの下、赤いセーターの女の子と水色のシャツを着た男の子が追いかけっこ。文殊塔の正面、街を見下ろす長い階段の天辺に腰掛けて、その長閑な風景をしばらく楽しんだ。

その数週間後、うちのお墓詣りをしに「大谷さん」へ行ったのだが、このときにやはり走り回る赤いセーターと水色のシャツの子どもを見た。そういうときは偶然、似たような二人だなあ……と、信じることが肝心である。女の子はすばしこいといっても限度があるんじゃないか、男の子はいま墓石をすり抜けなかったか、とか気づいてはいけない。

墓が日常に紛れ込んでいるということは死者が近しいってことだ。京都人は霊や魔に立ち向かえるほど豪胆ではないが、霊や魔を無視できる強さを持っている。

風景-09 【武信稲荷】

❽武信稲荷　中京区三条大宮西入ル二筋目下ル今新在家西町

見てはいけないモノを見ている気がした。禁足地に侵入するような心地で私は境内を歩いていた。京のど真ん中に、こんなにも胡乱な空間が残り得るものだろうか？〈武信稲荷〉は森閑として、昼日中なのに夜が凝っているようだ。ルネ・マグリットの絵だと私は思った。マグリットの連想は非現実的な眺めのせいだけではない。あと一歩破壊が進めば立派な廃墟といって差し支えない状態でありながら、境内はきれいに掃き清められ清浄な雰囲気が漂っている。そんな、なんとも不思議な印象がシュールそのものであった。

そこここに配置された稲荷像のことごとくは欠け、崩れ、傾いている。だが、ひとつひとつには丁寧に涎掛けが巻かれ、捨て置かれた風情ではない。葉陰から、鳥居の裏から顔を覗かせているのが妙にユーモラスだ。境内の樹木も無秩序に植えられているが、それでいて剪定は施されている。鳥居もひどく傷んではいるものの、ただ朽ちるにまかせているわけではなさそうだ。

古びた苑灯の一本が傾き、こればかりは剣呑なムード。阪神・淡路の地震があったときに被害を受けたのかもしれない。が、それにしたって十数年放置されているわけだが。なんにせよ背反しあう要素が、なぜだかしっくりと馴染みあって共存している神社であった。

境内の奥まで進んで、最初に感じた奇妙な昏さの原因がわかった。巨大な榎が想像を絶する高さで樹冠を広げていたのだ。平重盛が安芸宮島の〈厳島神社〉境内から植樹したと駒札が曰くを伝えていた。ということは平安末期から数えて樹齢およそ九百年。

由緒書きは語る。藤原氏の学問所〈勧学院〉の守護社として、時の右大臣藤原良相によって勧請されたのだと。ということは、九世紀当時から変わらずこの場所に祀られ続けてきたわけだ。

オリジナルの性格から考えて祭神が稲荷だったとは考えられないけれど。

武信稲荷は存在そのものが矛盾を孕んでいる。たとえば〈五條天神社〉や〈大将軍八神社〉など小さいながら洛中で千年以上の歴史を誇る社寺はまだある。が、それらは永らく国家事業にかかわっていたり、そもそも国策として天皇の勅願で建立されたりといった華やいだ過去を持っている。が、武信稲荷はあくまで私設の神社でありながら京洛の中心で〝聖地〟としての面目を保ってきたのだ。あり得ないことではない。しかし私は他にこんな例を知らない。

この神社の妖しい風景の源泉を探ろうと様々な本を捲ってみた。しかし来歴はわかっても得体のしれなさを説明付けられるものはなかなか出てこない。私としては、もう、ありのままにシュールリアルを愉しんでしまうべきだと結論したがっている。

正体のわからないものは怖い。しかし、その怖さにはしばしば魅力がある。慄(おのの)きつつも近寄らずにおれないこともある。たとえば人は「死への愛情(タナトス)」すら持ちうるのだ。武信稲荷の愉悦は彼岸を垣間見るそれに似ているかもしれない。

幽霊

怖いこわい

幽霊-01 【船岡山】
❽❾船岡山　北区紫野北舟岡町四九
❾⓪今宮神社　北区紫野今宮町二一

　西陣の子どもたちにとって、もっとも身近な自然は船岡山だった。大人の目から見れば、せいぜい巨大なブロッコリー。だが、ちびっこいのは一日中でも想像力を駆使して冒険していられた。子どもの足でも家から歩いて二十分くらいだったので、私も例外なく探検隊の一員であった。
　それにしても想像力のベクトルが、もっぱら怖い方へ怖い方へと向かったのはなぜだったのだろう。私たちは飽きもせず「男が首吊りをしたというのは、あの樹に違いない。枝振りが怪しい」だの「家出をして、あそこのベンチの下で一晩過ごしたどこかの子が翌朝に発見されたときは気が狂っていたらしい」だの益体もない噂を囀りあった。
　子どもは開放感を与えてくれる自然が好きだ。が、子どもといえど京都人であるからには、きっと自然というものに本能的な畏怖を感じていたのだろう。少なくとも洛中に育った者は「大自然＝癒し」みたいな短絡思考を持っていない。
　平安時代からずっと、彼らにとって自然とはすなわちヒトを拒絶する異郷である。カミサマの籠もる聖地であると同時に、バケモノの住まう魔境でもあった。DNAに刷り込まれたそんな所与感覚が船岡山を〝恐怖のテーマパーク〟に仕立て上げていた。

【扉写真】
上・御室の切り通し
下・拾翠亭に渡された高倉橋

もっとも、ここは疫神・災厄神祀としてのオオナムチやコトシロヌシを祀る〈今宮神社〉発祥の地。怨霊としての織田信長を慰撫するため、秀吉によって廟所と定められ、のちに明治天皇によって勧請された〈建勲神社〉もひっそり鎮座している。

しかし、子どもたちが噂すべきは、もっぱら怪談である。彼らの想像のなかでは、もう、船岡山は幽霊芋洗い状態。私が聞いただけでも、五、六ヶ所以上はあった。

有名なのは西陣署の元巡査部長、広田雅晴事件の因縁話。彼に拳銃を奪われ射殺された若いお巡りさんの霊が現われるというのだ。いまでも深夜の船岡山を警邏するようにさ迷っているそうな。ときにはペッパー警部みたいに、夜中のカップルに注意することもあるとか（嘘）。

ついぞ船岡山で幽霊に出会うことはなかったが、ちょいと怖いエピソードが私にはある。

当時、私は実家の三階をステューディオ式に改装して住んでいたのだが、その台所の窓から真正面に船岡山が見えた。ある晩、料理の最中にふと顔を上げると、宵闇に沈むこんもりとしたシルエットの頂上付近でオレンジ色の光がちらちら瞬いているのに気がついた。

誰かが夜の散歩を楽しんでいるのか、あるいはお巡りさんの霊が徘徊中か、と眺めていたのだがどうも様子がおかしい。ちょっと光が移動する速度が速すぎないか？　ジョギングする幽霊話なんてあったっけ？　だいたい夜中に走っているにしては動きがスムーズすぎる……。

その瞬間、光点は身を翻すようにカーブを描き、こちらに向かってスゥーっと飛んできたのであった。

幽霊-02 【マンション】

❾¹ 花園マンション跡地　右京区常盤東ノ町

　小学生の高学年から中学にかけて、京都で最初の大型マンションに住んでいた。そこを買うという話がでたとき、私と母は見晴らしのいい部屋で暮らしたいと主張。けれど父は聞く耳持たず、東向きの三階の角部屋を契約してきてしまった。
「地震とか火事のときに安全だ」というのが彼の決定理由だったが、ぜーったいに安かったしゃで！と母と二人で憤慨していたものだ。とはいえ、それまでが窓の外は隣の塀という環境だったせいか、とりあえず比叡山が見えるというだけで開放感があった。
　入居して三日目。そのマンション初の飛び降りがさっそくあった。住人ではなく外からの侵入者という話だった。オートロックなんて影も形もなかった時代である。マンションはロの字型の構造になっており、自殺した人は十階の手摺を乗り越え中央の吹き抜けに身を投げたらしい。もちろん即死。
「そやからゆーたやろ。人間ちゅうもんはやな、高いとこに行ったら飛び降りとなるもんなんや。そやし低いとこのがええねや」と、その夜、父は得意そうだった。
　マンションに幽霊の噂が広まったのは、それから間もなくである。

ある日、私は紙飛行機を飛ばしに屋上に昇った。なにしろ京都初だから視界を遮るものはなにもない。がらんと広くて洗濯物を干すポールすら立っていなかった。住人専用だったので子どもたちの格好の遊び場である。そのときも何人かの男の子が走り回っていた。私が風向きを調べていると、先にいたうちの一人が神妙な顔で近づいてきた。
「あんな、真ん中のフキヌケんとこは行かへんほうがええで……」
なんでも、鉄柵の向こうに浮かんだ男がおいでおいでをするのだという。
絶対に、引っ張って落とそうとしてるんやし！　お兄ちゃん言うてたし！　と少年は真剣に主張した。うんうんと私は頷き、自分の弟妹にもそれを伝えることを約束した。彼はニーと笑うと、遠巻きに私たちを眺めていた仲間たちのところに駆けていった。
それからも自殺騒動は何度もあった。けれどマンションの子どもが落ちたという話はついぞ聞かなかったから、たぶん吹き抜けの手摺にはなるべく近づかないようにしていたのだろう。おそらく幽霊を信じたというよりは自分たちが広めた恐怖にたいして誠実だったのである。ちいさい子どもというのは恐怖を楽しむ術をよく知っている。
やがて京都でも大型マンションが珍しくなくなり、それでもこの都市の集合住宅にはお約束のように心霊譚がついてまわる。昔からの地元民が多いから、よそさんが固まって暮らしているというだけで先住者の不安を煽るのかもしれない。現在でもそれは変わらず、京都のマンションには幽霊が徘徊し続けている。京都人の排他性が招き寄せているのだ。

窓を開ければお墓が見える……

最も有名だったの物件はといえば双ヶ丘を望む住宅街にあった通称〈花園マンション〉であろう。マンションというよりは、せいぜい小奇麗な学生アパートといった体裁だったが、ここは人がいるころから心霊スポットとして知られていた。入居者が次から次におかしくなってしまうというのが私の学生時代の噂だった。

おそらくは、その近くにある病院が専門としていた治療科が母体だったのではないかと私はみている。後味が悪い。

排他性と偏見と。人間の心理の暗部からマンションの幽霊は這い出してくる。私は京都人がことさらに邪悪だとは思わない。けれど噂が繁殖しやすい環境なのは確かだ。きっとこれからも幽霊物件は洛中に洛外に生まれつづけるだろう。

花園マンションはいつのまにか完全に空家になってしまい玄関は固く閉ざされた。が、それでも深夜、無人のはずなのに最上階の一部屋にだけ灯が点るという話が長いあいだかけ巡っていた。現在はついに取り壊され、このあいだ通りかかったら瀟洒な新ビルが建っていた。一階テナントには某娯楽関係のチェーン店が入っており繁盛しているようだった。

幽霊-03 【幽霊街道】

＊下鴨静原大原線　左京区下鴨本通北大路〜左京区大原大長瀬町
❷御室の切り通し　右京区御室〜北区大北山原谷

中三のときだった。教室に入ると級友が「お前、こんなん好きやろ」と新聞の切り抜きをくれた。それは府道四〇号線で起きた幽霊騒動の記事であった。当時、私は鼻からエクトプラズムを洩らすほど心霊現象にハマっていたのだ。貪るように読んでいると彼が言った。
「人間の友だちがおらんにゃし、せめてオバケにでも仲ようしてもらえや」
　そう。私はイジメられっ子であった。きっとその台詞を言いたいがために切り抜いてきてくれたのだろうに、ごめんよ藤本君（仮名）。記事に夢中で反応が鈍くて。思えば当時の怖いものへの傾倒は、毎日のイジメに耐える代償として、より深い恐怖を求めた結果だったのかもしれない。
　京都新聞は語っていた。ここ数ヶ月、「下鴨静原大原線」で幽霊の目撃報告が相次いでいること。それは女性の霊で、車めがけて突進してくること。とくに「打合橋」から「尼子谷橋」にかけて多発しており警察がパトロール強化を決定したこと。ドライバー諸氏への注意。などなど。
　いますぐにでも教室から飛び出したい気持ちになったが、さて、自動車もないのにどうやって行けばいいのかわからない。藤本君（仮名）に訊けば教えてくれるだろうか。などと考えてるうちに授業が始まり、オバケの友だちをつくる計画は断念せざるを得なくなった。

いまでも【幽霊街道】の話はしばしば耳にする。あいかわらず女幽霊は車めがけてタックルし続けているようだ。当時の熱が残っていれば、いやせめて四輪免許を持っていれば自ら検証に赴くのだけれど、もはや相方までいる私の腰は重い。

だが、なによりも歩いてゆける範囲で別の【幽霊街道】を見つけてしまったもので「下鴨静原大原線」は、ちょっと色褪せてしまった感がある。知名度は低いけれど、どうやらそこがホンモノらしいことは霊感ゼロの私ですら信じられる道だ。

〈龍安寺〉の背後にあたる住吉山と御室八十八ヶ所霊場の散らばる大内に挟まれた、それを〈御室の切り通し〉と人はいう。延々と両側に切り立った石垣が迫り、波打つようにうねり、真っ直ぐなのに見通しが全くきかない。人を不安にさせる道……。〈仁和寺〉と〈原谷苑〉をハシゴする車がひっきりなしの桜の時期を除けば、みごとに閑散としている。

ただ、ここを歩けば誰もが、あなたを追い抜いてゆく〝気配〟を感じるはずだ。

一度、切り通しに何百枚という写真が落ちていたことがある。あのときは一目散に逃げ帰った。怖かったのでちゃんと確かめてないのだが、どうやらそれらは同一の若い女性を撮ったものらしかった。いったい誰が、なんの目的で、と考えることすら厭だった。

御室の切り通しのなんともいえない不安感の原因は、整備された道路でありながら、人間のためでも自動車のためでもないようなところがあるからだろう。原谷の先の火葬場は閉鎖されてしまったというのに、あの〝気配〟たちはどこへ向かっているのか。

幽霊-04【公衆トイレ】

- �93 岩倉児童公園（一乗寺児童公園）　左京区一乗寺御祭田町一五
- �94 円山公園東南トイレ　東山区下河原通八坂鳥居前東入ル円山町
- �95 拾翠亭　上京区烏丸通丸太町東入ル京都御苑堺町御門入ル左

　人間はたいがい家に暮らすものだが、家というのは必ずしも人間が住むとは限らない。ふだん意識はしていないが京都人にはそういう感覚がある。なぜなら人間のために建てられたのではない「家屋」が彼らの日常を取り巻いているからだ。

　まず、神や仏の住処である社寺。延々と白壁の続く通りを実際に歩いてもらえば判るだろうが、それらはその数以上に京の風景のなかで支配的な印象を残す。〈妙心寺〉や〈八坂神社〉など広大な境内を擁する聖域ともなれば塔頭や伽藍、拝殿や小祠が犇めきあう。そのすべてが人間用でないのだと改めて考えると、ちょっと空恐ろしくなる。

　社寺だけではない。京都は町内に一つ二つはお地蔵さんやお稲荷さんのおうちがあって当たり前の土地柄である。公園の敷地内に弁天さんや天神さんが祀られていたり、玉垣が巡らせてあるのだって珍しくない。

　巷にありて、人ならぬ者の安息地たり得る「家屋」といえば公衆トイレだってそうだ。これはむろん京都の専売特許ではないが、ここは観光都市のせいかよその土地よりも目立ってあちこちにある。社寺に隣接したものなどデザイン的に考慮されているのか施設の一部と見紛う和風建築

だったりする。

そんな京都の公衆トイレには「出る」とされる物件がかなりある。トイレなんやから出るのは当然やん——とか駄洒落好きの京都人は自分で言って自分で笑っていたりするけれど、はっきりいって半分は怖さを紛らわせるため。残る半分は「家の体裁をしているのだから、ナニモノカが住んでいるはずだ」という潜在意識のなせるわざだろう。

最も有名な「出る」トイレといえば〈岩倉児童公園〉内のそれ。正式には〈一乗寺児童公園〉という名称である。かつて、ここで中学生リンチ事件があり、そのときに死んだ男の子の霊だというのが定説になっている。

そもそも岩倉自体が目撃報告例の多いエリア。場所は異なるが心霊スポッターに同じ通称で呼ばれている中在地町の児童公園のトイレも「出る」そうだから、いずれにせよ信憑性はわからない。ただ、夜中にここで用を足したいとは思わない淋しい場所ではある。

ひょっとしたら男の子は瀕死の状態で朦朧とトイレに向かったのかもしれない。「家屋」という〝安心の形〟を求めて……。そして、そこの住人になったのである。

そのほかにも京都には鷹峯〈源光庵〉前の公園や、吉田山麓の駐車場にあるトイレでの目撃談を耳にする。が、淋しいロケーションにある施設に限って幽霊が出没するわけではない。〈円山公園〉の公衆トイレにも根強い噂が残っている。公園内にはいくつも用を足せる場所があるけれど、出るとされているのは老舗料亭〈左阿彌〉のそばにある半地下式のものだ。

ここでは個室の下の隙間からニュッと手が伸びた――しかしいずれにしても外で待っていた連れが悲鳴を聞いて駆けつけたところ誰もいなかった――という定番の他にちょっとユニークな話が伝わっている。手洗いの鏡に首を吊って死んでいる自分の姿が映るらしい。

最後にもうひとつ、京都っぽい典雅（？）な例も挙げておこう。御所の西南、旧九条邸の茶室である古雅玲瓏たる数寄屋造の〈拾翠亭〉。ここの池の汀にある公衆トイレもかなり知られたスポットだ。現在は入口に板が打ち付けられて使用禁止になっている。焼身自殺があったとされているが、奇妙なことに「あそこで見た」という噂が聞かれるようになったのは使えなくなってからだったりする。

以前は、むしろ同性愛者の出会いスポットとして賑わっていたみたいなので、ひょっとしたら運の悪いノンケが聞いてはいけない声を聞いてしまったか。あるいは、しゃがんでいる途中に覗かれたとか、こじ開けられそうになったとか。それはそれでスサまじい話ではある。

幽霊-05 【ビルマ僧院】

＊ビルマ僧院跡　八幡市八幡西高坊

「この階段は八幡宮へ行けません」とある。では、どこに行くのか。それは【ビルマ僧院】へ続く道。かつては「血の病院」「海軍軍人病院跡」「野戦病院跡」とも呼ばれていた京都在住廃墟好きの聖地。知名度のわりには、まださほど手垢のついていない幽玄な廃墟である。

八幡市駅に隣接する京阪の男山ケーブル乗り場から真っ直ぐに道なりに線路に沿って歩いて行くと、すぐ左手に山へと分け入ってゆく階段がある。コンクリート壁に張りつけられた「この階段は八幡宮へ行けません」の小さな表示。これが【ビルマ僧院】に至る道筋を示す目印。住人であるか、もしくは商用以外で八幡市に来る人たちの目的の大半は日本三大八幡宮のひとつ〈石清水八幡宮〉である。この表示は間違えないようにという参詣者への配慮だ。が、私には「ここから先へは行くな」という警告のように感じられる。

階段は途中から山道になるが、ほとんど一本道。倒木を乗り越え、崖に肝を冷やしながら三十分ほども歩けば目の前に【ビルマ僧院】は忽然と姿を現す。物理的な距離はそうでもないはずなのに、ひどく山奥にいるような心細い気持ちになる。

雑草と雑木林に侵食され、ただ壁と窓枠だけが残る。天井も崩れ落ち、床も抜けている。しか

しドアのない玄関からなかに入ると、中央に灌木を繁らせ、羊歯と蔓草に飾られた広間は独特のムードを湛えている。ここまで幽霊の出現が似合いそうな場所を他に知らない。

なんというか、すべての舞台装置が揃っている。ゴシックホラーと四谷怪談、どちらの背景としても使えそうだ。ハムレットの父と『リング』の貞子、どちらにも似合いそうだ。あとはヒュードロドロという効果音を待つばかりって感じ。

興を削ぐものがあるとすれば、ポイ捨てされた空き缶やコンビニ袋のたぐい。ゴミの後始末もできない人間に、こういう空間を愉しめるだけの感性が発達しているとは思えない。自分の将来を考えるのが一番の恐怖体験だろうから、そっちを存分に味わったあとで訪問してもらいたい。

真剣な話、実際に傷害事件が起こっているのだ。幸い死者は出なかったそうだが、もしものことがあれば僧院の地縛霊仲間が増えるだけでなく、閉鎖解体の憂き目は避けられまい。

マイナー宗派だったようだがビルマ僧院は、その名の通り仏教系宗教施設跡らしい。死霊が彷徨い出るような因縁はない。病院関係の呼び名は、戦前、近くにあった結核の隔離病棟と混同された結果だろう。もともと八幡町が観光客誘致政策の一環として開発を進めていたとも聞く。いったい、どんなのを想定していたのだろう。

廃仏毀釈前まで、〈石清水八幡宮〉は極めて神仏混淆色の強い神社であった。全盛期には男山に五十近くの小社小坊が集まっていたという。ビルマ僧院が建設されたのはずっと後だろうが、そこはかとない縁(えにし)を感じる。

幽霊-06【サンリバー】
96 老ノ坂トンネル　亀岡市篠町王子　国道九号線

　私は基本的に感覚が鈍い。第六感なんてまず働かない。五感のなかで多少マシといえば味覚くらいだ。聴覚なんて情けないくらいの機能しか備えていない。
　だから、ずっと気のせいだと思っていた。耳鳴りの一種だと信じていた。ただ人に話すと少なくとも京都人はビビる。なぜなら幻聴は〈首塚大明神〉を訪ねた日に始まったからだ。
　府道一四二号線から国道九号線に入ってまもなく、「老の坂峠」バス停で降りたのは私一人。この一帯は数ある京の心霊スポットのなかでも数少ない〝ほんもの〟とされる場所。友人からも、あそこはイヤだと同行拒否された。これまたヤバいらしい〈老ノ坂トンネル〉の手前、左側の藪に挟まれた細道。これが老ノ坂峠へ続く旧山陰道。めざす酒呑童子の首塚はその途中に祀られている。貴船の神寂びた感じとも〈笠置観光ホテル〉あたりの荒んだ雰囲気とも異なる。粘っこい感じ。真昼間なのになんとも陰鬱だ。
　余計な予備知識のせいか肝試し好きもここだけは避けるという、ほんとうに霊感体質なら一歩も動けないだろうが、へいちゃらで夜中の老ノ坂を歩けるなら、どんなに怖がりたくても絶対になにも見ることはできなさそうだ。逆に、目の前にバラック倉庫の列が……いや、違った。それは噂に聞く道なりに三分も進まぬうち、

廃墟モーテル〈サンリバー〉であった。「こんな場所にあったのか」と「冗談でしょ」と「見ないふり見ないふり」という感情が同時に湧く。

ふいに、なにかが、キィ、と軋む音を聞いて私は足早にその場を去った。

しかし、なにが厭って、こんな場所が一時的にせよ機能していたことだろう。いったい、どんなカップルがどんな理由でここを逢瀬の場所として選んだのか。それほどまでに人目を避けねばならぬ関係とは。かつて〈サンリバー〉に集まった恋人たちの情念を考えると、ここが殺人現場だったことなど、たとえそれが噂でなかったとしても大した意味はないようにすら思える。

あまりにも〈サンリバー〉の印象が強烈で、そのあとの〈首塚大明神〉にさほど感慨はなかった。ベンチなども据えられていて、むしろ居心地よかった。ゴミ箱にはビール缶やワンカップ。酒呑童子にちなんで飲んでゆくのだろう。それが供養になっていると感じた。

もしかして、その晩から響くようになった奇妙な音は首塚大明神のご利益だろうか。首から上の病気に霊験アリとされているので、当然のように私は聴覚機能アップを願ったからだ。余計なアプリケーションが勝手にダウンロードされてしまったのかもしれない。

ドアの外でしたかと思うと、次の瞬間、窓の向こうで鳴る、あの音。

そんなに怖くはない。毎晩じゃないし、いまのところ部屋のなかで耳にしたこともないから。

ただ、たったいまこれを書きながら、それがサンリバーで聞いた、あの、キィ、というなにかの軋みに似ていることに気がついてしまった。

幽霊-07 【学校の怪談】

＊青風端山幼稚園跡　伏見区醍醐下端山町

〈青風端山幼稚園〉。これほど長い間「ホンモノの心霊スポット」だと思い込まれていた〝なんちゃって〟物件も珍しいだろう。「あそこだけは危ないから教えられない」というマコトしやかな理由のもと、その在処はずっと好事家のあいだでも秘匿されてきた。

ここは名称も、あくまで「醍醐幼稚園」なる通称で語られてきた。だから限られた情報を頼りに私が探したときは、かなり苦労した。そのころは取り壊しの最中だったが、もう何年も前の話なので現在は完全に更地になっていることだろう。詳細が厳重に伏せられていたのは「個人情報に属するから」なんて道徳的な理由ではない。みんな怖がるための演出だ。まあ、心霊スポットなんてどこでもそのくらいデリケートな配慮の上に成り立っているものなのだけど。

青風端山幼稚園が都市伝説化した第一要因は、むろん廃園になってから二十年近くホッタラカシだったせいである。おまけに【学校の怪談】には欠かせないアイテムであるピアノが教室に放置されていたというから、そりゃもう心霊スポッターのココロを鷲摑みだったろう。誰もいない音楽室でピアノの音がなる——幽霊話定番中の定番だ。この噂がない学校のほうが珍しい。そもそも日本全国学校に怪談はつきもの。それぞれの時代を反映させつつ、はるか昔から様々

なオバケは校舎を彷徨い続けている。
　妹が通っていた女子中も例外ではなかった。いろいろ聞いたがサワさんの噂が面白かった。イジメの対象でもないのにサワさんは友達を作らない少女だった。いつも一人で登下校。誰も彼女の家を見たことがない。ある日、同級生が後をつけたが、いつの間にか見失ってしまったという。そこで、サワさんは「実は存在していない説」が流れた。
　実はその正体は白蛇の化身で、卒業式の日に龍になって空に帰って行くらしい。その証拠に、もう背中に鱗が三枚生えている。体操服に着替えているとき私は見た。私も見た。……みんな嘘だと理解しつつも噂せずにはおれない。そんな感じだった。
　それにしても京都らしい学校の怪談といえよう。いまどき白蛇だの龍だのがネタになるのも珍しい。もっとも、それは中学校だったから。高校、大学と進むにつれありきたりな幽霊話が中心になってゆく。よそさんの混入率も増えるから仕方がない。
　京都の学校は、しばしば廃寺の跡地や寺院が切り売りした敷地に建っている。元が墓地である可能性も高い。洛中だと掘れば必ず遺跡が出てくるので、なかなか新改築ができない。曰く因縁はあるわ老朽化するわで、そりゃあ幽霊くらい現れるだろう。が、それらに新味はない。
　上のほうにある某仏教系の大学などはつとに「出る」ことで知られており、警備員の日誌には細かに目撃譚が記されているという。青風端山幼稚園よりはマジっぽい。読んでみたい気はするが、サワさんの話ほど興味深いものがあるかどうかは疑問だ。

幽霊—08 【怪談】

❾❼木村茶舗　東山区松原通大和大路東入ル轆轤町八〇

もっとも有名な京都産の【怪談】といえばやはり『飴を買う幽霊』だろう。死んだ妊婦が墓のなかで出産し、その赤ん坊を育てるために夜毎お乳代りの飴を求めに現れた亡霊は、名前こそ定かにあらねどお菊やお岩並みに知られたセレブ・ゴーストである。

もっとも死者が棺桶で子どもを育てるという物語は全国にある。京都の府下にも船井郡に同様の子育飴譚が伝わっているし、四国の高松や三重県の桑名市、果ては沖縄の読谷村にまで似た話がある。そもそもこの幽霊を全国区にした小泉八雲の怪談からして舞台は松江なのだ。

では、なぜこれが京都産として広く認識されているのかといえば、「みなとや幽霊子育飴」を売る〈木村茶舗〉の存在より説得力のある根拠は、他の場所にはあるまい。論理的とは言い難いが、「論理的」だからに他ならない。

そもそも怪談は説得力が命である。それが論理性や、さらにはリアリティさえも超えて感情に迫るとき、人は戦慄に襲われる。裏を返せば、どんなによくできた筋立てでも、説得力がなければ怪談は成立し得ない。最近のジャパン・ホラーの世界的人気は、三池崇史や清水崇といった監督たちの説得力の賜といえよう。

そういう意味で、私がいままでに最も戦慄した怪談は、
「怖い話の最中に背筋がゾッと寒くなったら、それは、その瞬間に霊がきているからなんだって」――である。友人がなにげなく口にしたヒトコトだったが、聞いた瞬間、産毛総立ち。その言葉はものすごく腑に落ちた。以来、怪談でゾッとするたび「あ、来てはる！」と思う。
　会社員時代、仲のよい同僚やデザイン事務所の人たちを集めて、ときおり食事会みたいなことをしていた。その日も七、八人もいただろうか、なんとなく会話が怪談大会に流れていった。さして説得力のない体験談に、それでも酒の勢いを借りて盛り上がっているさなか。初参加だった新入社員の女の子が席を立って、部屋のドアを開けにいった。メンバーの半分は喫煙者だったので、きっと換気したかったのだろうと気づき、私も窓を少し開けた。
　しけった空気がとろんと流れ込んでくる。風のない秋の夜であった。おりしも広告課の同期が語る微妙にどこかで聞いたような、けれど、けっこう怖い話が佳境に差し掛かっていた。ばたん。と、かなり激しくドアが閉まって、皆一斉に振り向いた。
「あ、すいませーん」と、初参加だった新入女子が明るい声をあげた。
「みなさん気にしないで下さーい。私に憑いてる人らしいんですけどぉ。怖い話が苦手みたいで怪談してると、いっつもああやって出てっちゃうんですぅ」
　その晩、最初の戦慄に首を竦めながら、あれ、彼女の言う通りなら霊はもうここにいないはずなのに、どうしてゾッとするんだろう？　などと私は考えていた。

幽霊-09【四辻】

- ❾❽ 東山トンネル　山科区上花山旭山町　旧花山洞
- ❾❾ 粟田口刑場跡　山科区日ノ岡朝田町

〈東山トンネル〉は京都心霊スポッターにとって、京都観光客における〈清水寺〉か〈金閣寺〉に相当する幽霊たちのメッカである。一度は実物をこの目で拝んでおかずばなるまい。と、いうわけで、国道一号線すなわち五条通をずんずん東にゆけばいいというテキトーな情報だけを持って、私は東大路の交差点から歩き出した。

一時間くらいは覚悟していたが実際には三十分ほどで到着したそこは、昼間のせいかとりたてて恐ろしげな風情はない。けれど、ここに至るまでの道すがら誰とも擦れ違わなかったことに、ふと気がついてしまったのは誤算だった。山岸凉子の傑作短編「化野の…」を思い出す。あれも轟々と大型車が行き交う道路端を一人歩き続ける話だった。

三本が並列したトンネルのいちばん北側にあるのが歩行者用。やはり躊躇われたが、ここで引き返しては勿体無い。意を決して闇に身を投じた。

暗いと感じたのは最初のうちだけ。目が慣れてくると、さほどでもない。しかし出口の明かりが見えないので気持ちが焦る。どうしても早足になる。「駆けずの入江」の異名を持つわりには頑張ったと思うのだが、なかなか向こう側に辿り着けなかったのは心理的な作用なのだろう。帰

りはもうウンザリであった。

結論はといえば、噂に聞く落ち武者も白い浴衣の女も現れなかった。なぜかデジカメのシャッターが降りないとか、やたらと人の気配がするとか、いくらでも心霊的原因以外で解釈可能な居心地悪さがあったくらい。想定の範囲内という感じ。確かに夜歩くのは辛かろうが。

ああ、落書きは厭だったな。下を指した矢印に「ここですよ」と書き添えられていたり、あと「上を見よ」とか「振り向くな」とか余計なお世話。「扶美子さんのお墓」「シンちゃん、あとから追いつきます」なんてのもあった。そこまでしなくてもいいだろう。

ただ〈東山トンネル〉には霊が出現しなければおさまらない雰囲気があるのは事実だ。条件が揃いすぎている。だから人々は論理的な理由を欲しがる。上に〈中央斎場〉があるから」という意見が目立つが、ちょっとズレている。あと、「〈粟田口刑場〉跡だから」なる説が流布しているのには笑える。だって新宿と原宿くらい離れてるんだもん。

ちなみに〈粟田口刑場〉は平安建都以来の公式処刑場で、明治までに約一万五千余人の罪人が殺された。が、この辺りで〝出る〟という話はトンときかない。

それよりも、あとで地図を確認して驚いたのだけれど、トンネルの真上って巨大な交差点＝【四辻】なのね。しかもその道の一本の先は〈東山浄苑納骨堂〉に続いているという……。古えより【四辻】は魔界の出入口とされる。ここで本当に心霊現象が起こるのだとしたら、これが真因なのではないかと私は思う。

204

幽霊―10 【座敷童子(ざしきわらし)クラブ】

幽霊の寿命——寿命はないか。死んでるんだから——というか、賞味期限というか、活動期間というのはどれくらいなんだろう。「孫の代まで祟ってやる」というのが彼ら彼女らの捨て台詞なので、おおよそ百年から百二十年といったところだろうか。

そういう意味で、しばしば京都で目撃譚が囁かれる落ち武者の霊だの空飛ぶ晒し首だのはまず眉唾といってかまわないだろう。少なくともザンギリ頭でないと説得力がない。

説得力がないといえば幽霊がやたらと淋しい場所に出たがるのもよくわからない。それらは、すでに自分の命が尽きていることに気がついていないか、もしくは現世に未練がある死者の魂だという。だとすれば、地縛霊でもないかぎり人気(ひとけ)のない柳の木の下にあてどなく佇むなど論外ではないだろうか。

ヤツラは淋しがり屋に違いないと私は常々考えている。けれど、その予想が確信に変わったのは、どうやら京都で最も幽霊との遭遇率が高い場所が某クラブらしいと知ってからである。もちろんクラブといっても踊るほうのクラブ。有名な老舗で、DJやゲストも一流。営業妨害になっても困るので名前は挙げられないが、とにかくここは当たり前に目撃されている。ミュー

ジシャンも客もこの店の常連なら一度や二度は見ているという。

私の情報源はかつてここでスタッフをやっていた女の子。そりゃあもう寒い話をザクザク聞かされた。狭い店内で霊が現れるのは主にステージの右端とトイレらしかった。どちらも女性だが、トイレのほうが悪質らしい。血塗れだったり、個室を開けると巨大な顔がドアの巾いっぱいに広がっていたり。もっともそんなのは年に二、三度。ふだんは使用中に電気を消したり、水道の蛇口から水を逆流させたりするくらい。ステージのほうは、ただぼんやり立っているだけで、ほとんど普通の人に見えるという。

「でも、微妙に輪郭がぼやけていたり、二重になっていたりするからわかる」

──のだそうだ。問題は営業が終わって片付けが済んでもグズグズ居残って消えてくれないこととらしい。そのまま残して帰ってよいものかどうか鍵当番のときに悩んでしまうのだとか。そいつは確かに迷惑な話である。

お祓いとか除霊とかしないのかと訊くと、その子いわくオーナーが「座敷童子みたいなものだから」といって聞く耳持たず。座敷童子はトイレいっぱいに膨れたりしないと思うが、とりあえずスタッフは見て見ないふりで通すしかないのであった。

もちろん、何度目撃してもそのたびに驚かされはする。けれど大切なのは怖がらない心。怯えない態度。つまりは弱みを見せないこと。それが自分を護ってくれる。……その子の言葉は単純ではあるが真理を含んでいるように私には感じられた。

幽霊-11 【幽霊画】

⑩ 曼殊院　左京区一乗寺竹ノ内町四二
⑩ 革堂(行願寺)　中京区寺町通竹屋町上ル行願寺門前町一七

私が高校生ぐらいのときTVで話題になった「幽霊画騒動」がある。最初に放送されたのはお昼のワイドショウだったらしいから、この目で観たのは騒ぎのあとに組まれた心霊特番かなにかだったのだろう。それは喋っているレポーターの後ろにあった掛け軸に描かれた生首の、閉じていた瞼がカッと見開くという"事件"であった。

映像のリアリティは衝撃であった。後日、トリックだったと暴露されたと聞いても、あのときの高揚は去らなかった。むしろ「ほんとうに？」と思った。以来【幽霊画】という存在に強く惹かれ続けている。

京都にある幽霊画で、最も直接的に怖いといえば〈曼殊院〉にあるもの。これも掛け軸である。幽霊が画面から抜け出してきたような「画き表装」と呼ばれるスタイルで描かれており外連味たっぷり。私が観たときは年中公開していたようだが、それが夏の一時期だけになり、いまは元の持ち主に返されたという。

この経緯については様々な憶測が飛んだ。いわく"感応"あるいは"共鳴"してしまう人があとを絶たなかったからだとか。眺めているうちに、憑かれてしまった気がして見物客が半狂乱に

なることもしばしばだったという。つまり幽霊にではなく恐怖という波動に憑依されたわけだ。無名だろうが稚拙であろうが、いかなる幽霊画もその危険性を孕んでいる。

この作品だって、円山応挙の作という噂を耳にしていたが、素人目にもそれは誤情報と知れた。しかし応挙の作品を観たいのならば、それこそ美術館に行けばいい話。私は幽霊画を芸術品として観賞したいわけではない。鎮魂の行為だと考えているのだ。

毎年お盆の二日間だけ公開される〈革堂（こうどう）〉の幽霊絵馬。もちろん同様のデマを聞いていたが、これも応挙の作品ではない。一・五×一メートルほどの杉板の右寄りに描かれた幽霊画は劣化が激しく、輪郭さえもおぼろである。ただ、絵馬の左側に嵌め込まれた手鏡の、ぬめりとした質感と相俟ってなんともいえぬ雰囲気を漂わせている。

この幽霊絵馬に向かって手を合わせていると、此岸に未練を残して留まる魂魄たちを慰めるために描かれたことがとてもよくわかる。あまたある幽霊画は、たとえ曼殊院的な「怖がらせよう」という作為の滲む画風であってさえも、その先にはかならず怨嗟の浄化がある。死者の無念を理解することで鎮める目的を持っているのだ。

古今東西の幽霊画、たぶん心霊写真も含めて二次元に閉じ込められた「人の無念」なるものは、せいぜい怖がってやるという姿勢が大切だと考えている。あまりに入り込みすぎると、それこそ精神に変調をきたしてしまうけれど。怖がれば怖がるほどに描かれた、あるいは印画された怨念は喜んでくれるのだから。

妖怪

怖いこわい

妖怪-01 【かいなで】

⑩ 鞍馬駅　左京区鞍馬本町一九一

どういうわけだかトイレという場所は妖怪と縁が深い。人里離れた山奥や、暗い場所を好むはずの彼らが、どういうわけだかお手洗いにだけは頻繁に出現する。比較的全国区の存在としては、

【青坊主】（鳥山石燕描くそれとは異なるようだ）のほか、キばっていると厠の窓から覗く【かんばり入道】あたりが知られているだろうか。

ところでそれらの登場する民話や伝承を辿ってゆくと、いずれも妖怪というよりは神に近い性質を有している。ただ、見映えはあまりよろしくない。不浄地の神だから不気味なのか、恐ろしげな神だから不浄地を担当しているのかはわからない。けれど、その行為にはあまり悪意が感じられない。怖いけれども危害は加えないという。

京都にも、便器から手を出して尻を撫でる妖怪【かいなで】がいる。決まって節分の夜に現われるという。やることは相当にキモチ悪いが、さほど実害がないところは共通している。

【かいなで】を避けるには「赤い紙やろか？　白い紙やろか？」と唱えればよいとされる。【かんばり入道】に出くわした際も「かんばり入道ホトトギス！」と三べんリピートするという対処法があるので、やはり神性を帯びているのだろう。つまり《真言》で縛す（縛せる）わけだから。

【扉写真】
上・鵺大明神
下・大徳寺　漆喰壁に塗りこめられた鬼瓦

面白いのは、のちにこの真言が、妖怪でも神でもかまわないけれどもかく怪異側の設問へと変遷してゆくところだ。この同じ台詞——地域によっては白ではなく「青い紙」の場合もあるけれど——がトイレに潜むナニモノかによって発せられ、間違った解答（赤い紙）をすると殺されてしまうという「学校の怪談」として子どもたちの間に広く流布している。

大正時代から噂されはじめたとされる"トイレに潜む何者か"の代名詞【赤いマント】。こいつの原型が【かいなで】であるのは間違いない。いや、それどころか【赤いチャンチャンコ】【チャンチャカお婆】【紫ババア】、そして【かいなで】に比べ、それらは現代に近づくにつれ属性が狂暴になってゆく。ただ、長閑な【かいなで】【カシマレイコ】や【花子さん】等々、みなこの系譜と考えてもいいだろう。もはや妖怪というにも獰猛に過ぎる。神としたらトンでもない祟り神だ。世の中の殺伐とした雰囲気の反映といえば簡単だけれど、ちょっと単純というか捻りがないかもしれない。ナニモノかに鋭い牙や爪を与えてしまった責任はトイレの水洗化、洋式化にあるのかもしれない。などと私は考えてみる。便利に清潔になればなるほど本来の不浄を求めて、それらは血を欲するのではないか。

もはや京都に【かいなで】の生存が許される公共のトイレといえば〈鞍馬駅〉ちかくのそれくらいしか私も思い出せない。いまも生き残っているかは疑問だが。むろん古い個人宅にはまだ見つかるだろうが……。いったい【かいなで】とはなんなのかを知りたいならば、とりあえず底冷えの京で「ポットン式」の雪隠を跨いでみるのが一番の早道なのだけど。

妖怪-02 【鵺(ぬえ)】

⑩③ 鵺大明神　上京区智恵光院通丸太町下ル主税町 二条児童公園内
⑩④ 毛朱一竹塚　東山区清水二
⑩⑤ 神明神社　下京区東洞院通綾小路東入ル神明町

　京に【鵺】という妖怪がいる。平安時代末期、夜毎に御所・清涼殿に飛来しては「ひょうひょう」と恐ろしげに啼いて、ときの近衛天皇を悩ませた。退治を命じられた源三位頼政は、みごと屋根上にたちこめる暗雲のなかのモノノケを射殺。それは頭は猿、体は狸、尾は蛇、手足は虎という異様な姿であった——と、『平家物語』は伝えている。
　妖怪なる言葉や解釈が一般化する以前、平安時代のバケモノではあるが、鵺というのは「妖怪」に分類すべき存在だと私は思っている。少なくとも妖怪らしい印象がある。京都人の想像力の薄暗がりで産声を上げて以来、常に作家や戯作者に霊感をもたらしてきた。室町時代には能に謡われ、江戸時代には浄瑠璃、歌舞伎の題材となっている。
　妖怪の形態というのは大きく三種類にわかれる。それは、
A　多くは人に嫌われる動植物や昆虫、爬虫類などを巨大化あるいはデフォルメしたもの。
B　異なる二種類以上の動植物や昆虫、爬虫類などを非合理的に継ぎ接ぎしたもの。
C　道具や建築物、機械類などを継ぎ接ぎして有機化したもの。
……だそうだ。DとしてABCの混合型を加えることは可能だけれど、あとは素材となったオ

リジナル要素が有するものとは違った色彩やテクスチュアを与えることで、ほとんどの妖怪、怪獣やエイリアンなどは分類できてしまうらしい。

確かにこの分類には説得力がある。人間の想像力というのは無限の空間を孕んではいる。が、だからといって全てが見渡せるわけではない。自分たちの目で認識できる範囲は限られている。

さて、鵺は典型的なBの型である。いっそ手抜きといいたいくらい明解。そしてちっとも怖くない。だって、もっと不気味な組み合わせあるし。近衛天皇だって、こいつの姿形を最初から知っていたらうなされたりしなかっただろう。

ところが、である。この妖怪を祀る〈鵺大明神〉なる場所は、どうしたことかひどく陰鬱な気配を漂わせていたりする。がらんとだだっ広い児童公園の北辺。ひっそりと佇む小祠は、頼政が鵺を射ち殺した鏃を洗ったとされる池の渚に建つ。

明治時代の文明開化的廃仏毀釈的叡智に一度は打ち砕かれながら、池跡が発掘されるや妖怪は息を吹き返した。遺骸が埋められたのは〈清水寺〉の側。こちらには〈毛朱一竹塚〉という石碑が残っている。また〈神明神社〉には、その鏃が奉納されていると聞く。

ほとんどユーモラスですらある形態の鵺という妖怪が、埋められて実体を失ったと同時にまたもや「ひょうひょう」と不気味な啼声をあげるようになったのは面白い。幽霊は、その正体が枯尾花だとわからないから恐ろしい。妖怪もまた同じである。鵺にまつわる遺構の数々は、枯尾花なバケモノに対して京都人が無意識に施した演出であるように私には思える。

あくまでも正体不明な部分を残していることが恐怖の条件だ。そして正体不明が現実味を帯びたとき、それは人々を不安にさせる血腥い匂いを発散させる。鵺に限らずヴィジュアル化されてしまった"妖怪なる恐怖"は誰の悪夢をも呼び起こさない。そこで人々はもう一度、それを曖昧な姿に戻すことで心胆寒からしめる属性を与えなおすのだ。

物語を紡ぐ者たちにとって鵺が魅力的な素材であり得たのは、この妖怪が地下に葬られながらも「リアリティある正体不明」であり続けたからだろう。

鵺大明神や毛朱一竹塚という形で禍々しい「おっかない妖怪でいてほしい」という願望みたいなものが澱となって境内に沈殿しているからである。いっそ妖怪への愛情というべきかもしれぬ。京都人というのは恐怖の本質をよく理解している。だてにイケズではない。

ささやかな祠を包む妙な重苦しさは、近所に住んでいるのだろう子どもたちが境内で遊んでいた。

以前、鵺大明神を参ったとき、近所に住んでいるのだろう子どもたちが境内で遊んでいた。

「ここヨーカイ神社なんやで」「怖いなあ怖いなあ」と、ものすごく嬉しそうだったのを思い出す。

きっと彼らの頭のなかには動物の寄せ集めなどではなく、どんなと口では説明はできないけれどモノスゴく恐ろしい妖怪が蠢いていたに違いない。

214

妖怪-03 【うわん】

⑯ 大徳寺　北区紫野北大路大宮西入ル大徳寺町五三
⑰ 西雲院　左京区黒谷町一二一

墓場に棲んでいる妖怪だそうだ。白壁の向こうから突然「うわん！」と叫んで脅かす厭な性格のヤツで、すぐさまこちらも「うわん」と返してやらないと……やらないと、どうなるんだかは忘れてしまった。きっとトンでもないことになるに違いない。ちょっと怖い。

水木しげる先生の『東西妖怪図絵』だったか小学館の『世界の妖怪全百科』だったか、はたまた秋田書店の『世界怪奇スリラー全集』のなかの一冊だったかは忘れたが、初めて【うわん】の存在を知ったときは感動した。なぜならば京都人にとって、たとえ子どもであっても、きっと最もリアリティを感じられる妖怪だったからである。

どこまでも続くような寺院の白壁。その向こう側に "なにか" が息を潜めている——という想像はあまりにも容易く、そしてあり得べきことのように思えた。いまでも、ときどき「うわん」はしばらくマイブーム化して、いつしか愚妹と私の合言葉となった。が、【うわん】に遭遇したことはまだない。幸い【うわん】でもなかろうと安心したものの再びの甲高い「ギゲェーッ、キェーッ」とて魂消たことはある。場所は〈大徳寺〉、〈高桐院〉裏の竹藪を隔てた漆喰塀。あちら側が墓場で

う叫号に慌てて「うわん!」と返し、すたこら逃げた。
英国に住むようになってわかったけれど、どうやらあれは狐だったらしい。ロンドンは街中でも狐が棲息しているのだ。その咆哮は妙に人間ぽい抑揚があり、慣れたつもりでもときおりぎょっとさせられる(そして小声で「うわん」と呟く)。

不思議だったのが〈西雲院〉の白壁前で体験した出来事。ここは〈真如堂〉の裏手から〈くろ谷さん(金戒光明寺)〉に向かって下がってゆく静かな古刹。秘密めいた未舗装道に面しており、いつも寂寞とした風情が漂い好きな場所のひとつである。

あれは真夏の黄昏どきで、私はいつものように目的のない散歩の途中だった。ところどころに卒塔婆を覗かせる白壁が、すべての音を吸い込んでしまっているかのような静寂。砂利を踏む感触はあっても、その響きは聞こえず、蟬しぐれさえも途絶え風景は森閑と白日夢めいていた。

と、突然に、わーんという耳鳴りに私は襲われた。いや、耳鳴りではなかった。さきほどまでの音のない世界に慣れた耳には、ほとんど暴力的なまでの大音量であった。おんおん、おんおんと私を責めたてる。ようやく我に返って頭を抱えようとした刹那、ぴたりと経文の唸りはやんだ。

冷静に考えれば、あれは〝静寂が耳に痛い〟というやつで、無音状態がつくる幻聴みたいなものだろう。けれど、それだけでは説明のつかない鼓膜の痺れを私は感じていた。

………うわん。

妖怪-04 【吉田山】

108 茂庵　左京区吉田神楽岡町八　吉田山山頂

虫たちに称えられつつ下駄の音を残して消えていったゲゲゲの鬼太郎。彼の住処を発見した。場所は洛東。船岡山とともに洛中の霊山として知られる神楽岡。通称・吉田山の天辺である。

山の天辺なんていうとスゴそうだが、表通りからでも十分もあれば辿りつけてしまう。だが同時に、参道から〈吉田神社〉本殿へと続く大階段——ところどころに杉の巨木が聳えている——を数段昇っただけで深山めいた空気を感じる不思議な場所ではある。

鬼太郎ハウスは頂上広場の北寄り。風雅な大正時代の建築を改造したカフェ〈茂庵〉の隣。もっともハウスの脇にポストはない。妖怪退治のお商売は畳まれたのかもしれない。最近、都大路を我が物顔で罷り通るバケモノどもをやっつけてもらおうと思ったのに。残念だ。

それにしても〈吉田神社〉に鬼太郎ハウスが出現してしまったのは、ほんに面白い。なにしろ、それまで「除ける」「鎮める」で精一杯だった疫神、災厄神に対して「祓う」「清める」という方法論を前面に打ち出したのが当社である。

〈吉田神社〉といえば、すぐに【追儺式】が思い浮かぶ。祭の主役である黄金四つ目の仮面をつけた方相氏（鬼払い）が悪霊を退散させる古式床しい形式を今に伝えている。まさに平安の都人

鬼太郎ハウス

にとっては鬼太郎と同じくらい頼もしい存在だったろう。なにしろ日本全国から式内社三千百三十二座すべてを勧請して「大元宮」を擁してしまったような神社だ。どんな災厄にも適材適所。

怖いところに手が届く。

そんなわけで神楽岡は綿密な神々のネットワークに護られ、恐ろしげな要素をたくさん持ちながら、その手の噂をほとんど聞かない。

ただ、頂上東辺〈竹中稲荷〉の背後にある【御塚信仰】の名残りだけはひどく妖し気だ。伏見の大社を始め稲荷講にはつきものの岩石を御神体として祀る形式なのだが、すっかり荒廃してしまっている。

異端神の古代遺跡といった感じ。ここは隠れた桜の名所だが、散華のころには廃墟めく奇観に花びらが降りしきり歌舞伎の通し狂言一幕目、時代ものの一場面のようだ。

このあいだ訪れたときには御塚の土台になる石組みの根元がことごとく掘り返されているのを発見した。それでなくとも荒れ果てた風景が、よりいっそう凄惨な眺めになっている。けれど、なによりも塚の土台の下にあきらかに〝なにか〟が封じ込めてあったという事実に私は驚いていた。御塚がこんな構造になっていたとはついぞ知らなかった。ものによっては地上部がみんな取り払われて、その石室だけが露呈したものもある。

小さく虚ろな闇が隠していたものを持ち去るのが狼藉の目的だったのだろうか。あるいは、石室にいた〝なにか〟が御塚ここは稲荷講に見せかけた他の宗教だったのだろうか。——いよいよ鬼太郎の出番かもしれない。を壊して抜け出てきたのだろうか。

妖怪-05 【比叡山】

＊延暦寺　滋賀県大津市坂本本町四二二〇

遊園地に行ったらお化け屋敷はマストアイテムである。たいがいは怖くないんだけれど、やっぱり覗かずにはいられない。お化け屋敷を楽しむコツは一も二もなく想像力。「なかに本物が混じっているかもしれない」。そう信じられるか否かですべては決まる。

現在は「ガーデンミュージアム比叡」になってしまった比叡山のお化け屋敷は、そんな想像力を肯定的に刺激してくれる非常によくできた施設であった。常に〝本物〟の噂があった。おそらくそれは比叡山という立地による心理的な影響もあっただろう。

あそこでは、いろいろなことが起こる。起こっても不思議ではないと京都人に思われている。たとえば道路を堂々巡りさせられて街へ降りられなくなる現象が日常茶飯事だとか。お盆になると船に乗った亡者たちが山頂を目指して漕ぎ上ってゆくとか。信長の比叡山焼き討ちで殺されて埋められた僧侶たちの髑髏がカタカタ読経するだとか……。

そもそも、この山は京都人にさほど好かれていない。〈延暦寺〉だって京の鬼門封じだなんて大嘘。そもそも寺が滋賀に属してるってだけで説明不要だ。桓武天皇が最澄に傾倒していたのは事実で、前身にあたる〈一乗止観院〉には頻繁に通っている。が、当時、朝廷は国家鎮護以外の

祈禱活動を禁止していた。鬼門云々は念仏を合法化するために考え出された方便だろう。

京都人、いや少なくとも宮廷にとって、いつでも延暦寺は武力を伴う不穏分子であり続けた。白河天皇が「天下三不如意」に数えたのを始め、平安以降の為政者は常に延暦寺を攻撃目標と定めてきた。なぜなら比叡山に、なんだか得体の知れないエネルギーが籠っているのは本当だからだ。今も昔も、それは変わらない。

天台宗、浄土宗、禅宗、曹洞宗、浄土真宗、日蓮宗など、比叡山を母胎に日本仏教の中核をなす数々の思想が生まれてきた。宗教は〝人類最大の麻薬〟。ここは、いつの日も人々を捕えて離さないパワーを放射している。死者の霊でもタクシーでも、取り込んで逃がさない引力がある。

桓武天皇が魅入られたのも、そのせいではないか。

きっと、比叡山そのものがある種の妖怪なんだと私は考えている。

あそこには【四大魔所】と呼ばれる聖地があって、そのなかのひとつ延暦寺西塔の「狩籠の丘」は最澄が魑魅魍魎を封印した場所だといわれる。奥比叡ドライブウェイ沿い、まず知らなければ通り過ぎてしまうような広場だ。一メートルほどの四角錐の岩が三つ、正三角に配置されているだけのことなのだが……妙な獣臭さがむっと臭う。

魍魎とは山林の瘴気が凝ったもの。魑魅とは山川木石の精霊。私には最澄が魔性を退治したのではなく保護するために隔離したのではないかという気がしてならない。つまり有事の際の武器として。比叡山のパワーは、ここに眠れる妖怪が発散する生体エネルギーだとは考えられないか。

妖怪-06 【土蜘蛛】
⑩⑨ 東向観音寺　上京区御前通今小路西入ル上ル観音寺門前町八六三
⑪⑩ 上品蓮台寺　北区北大路千本下ル紫野十二坊町三三二-一

私は【かまいたち】というやつに二度ほどヤラれたことがある。なにもしていないのに突然ぱっくり傷ができるという、あれだ。

最初は〈北野天満宮〉の脇にある〈東向観音寺〉で起こった。寺の裏の〈土蜘蛛塚〉。伴氏廟と碑の建った忌明塔（四十九日の喪が明けたあとに詣る石塔）や五輪塔、宝篋印塔などが並ぶ場所にポツンと置かれた小さな灯籠の火袋。それを見に行ったときのことだ。

現在は鶏小屋みたいなケージに入れられているが、その当時は雨晒しだった。私はしゃがんで矯めつ眇めつ。一説には朝廷に滅ぼされた先住民族を祀った塚だという。背が低くて穴倉暮らしだったからといって土蜘蛛呼ばわりはヒドイよね……と、しんみりした気分で立ち上がったときだ。いっしょにいた友人が「どうしたん、それ」と私の背中に向かって言った。

かまいたちは大気中に生じた真空の仕業だと聞いていたが、現在では気化熱による皮膚の変性とされているようだ。いずれにせよ、なぜか痛くないのが特徴とか。それは本当だった。だが帰り道、私を見た者こそホラーだったろう。部屋でシャツを脱いだら血糊でぐっしょりだった。奇妙なのは、たいして深くなかったにもかかわらず、右肩から左脇腹まで袈裟掛けに傷はついていた。

わらずの大量出血。が、痛くないので病院にも行かず、うつぶせになっていた。それでも絹糸のように細く、きわめて浅いものであった。

二度目は〈上品蓮台寺〉。偶然にしても出来すぎだけれど、やっぱり〈蜘蛛塚〉を訪ねたときだった。こちらの塚は源頼光に退治された土蜘蛛を埋めたと伝えられる。説話には二通りあるが、対決現場を「北野の奥」としている『源平盛衰記』が元になった遺構であろう。もうひとつの『土蜘蛛草紙』のほうは神楽岡（吉田山）が舞台になっているから。

ある夜のこと。重病で伏せる頼光のもとに土蜘蛛の化身である老僧が現れ、彼を取り殺そうとした。が、そこは酒呑童子を斃した豪傑、一太刀浴びせることに成功。逃げる土蜘蛛を追い詰めトドメを刺したのがこの地であったといわれている。

墓地に聳える椋の根元、ささやかに祀られてた塚に手を合わせているときだった。胸を薄荷水で撫でたような感触があって、下を向くとまさに血が滲み出ようとするところだった。面白いくらい瞬くまにシャツに赤い色が広がってゆく。胸を抱えながら慌てて家路を急いだ。

またも目撃者となった友人は「土蜘蛛の祟りやで。お祓いしてもらわんと」と怖がっていたが、本人はけろりんぱとしていた。きっと痛くなかったからだろう。それに、かまいたちの正体は土蜘蛛じゃない気がしていた。私を切り裂こうとしたのは頼光の側ではないか。つまり私は――勇ましくもチビでもないが――土蜘蛛の一味とみなされ征伐されかかったわけである。南無三。

妖怪-07 【へっくんさん】
● 半木の道　北区北大路橋〜北山大橋

その日は賀茂大橋の袂から〈上賀茂神社〉〈大田神社〉経由で深泥池まで足を伸ばした。〈勇身八幡宮〉だの〈深泥池貴船神社〉だの上賀茂本山の東峰裾には細々と曰くありげな祠も多く、楽しいエリアだ。冬には農家の軒先で「すぐき」が手に入る。

ついつい遠回りに遠回りを重ね、大好物の特産漬物をしこたま買い込み、また河岸に戻ったときには風景はもう、すっかり暮色に染まっていた。のろのろと北山大橋を越え、半木（なからぎ）の道にいたるころにはオリオン座が半身を覗かせた。吐く息がエクトプラズムみたいに白い。そのときだった。まるで膝かっくんされたように私は前につんのめった。

なにかに躓いたのではなかった。かといって疲れただけにしては断続的に力が抜けて踏ん張れない。痛くもないし蹲るほどではない。けれど体重が支えられない。前進できなくはないが、ゾンビみたいな歩き方になる。連れが「どないしたんや」と眉を寄せた。

「なんやしらんけど【へっくんさん】に憑かれたみたいやわ」

連れは【へっくんさん】を知らなかった。それは、賀茂川河畔に出没する妖怪だ。人の足首に纏わりついて這いつくばらせる。そのときのギクシャクした様子を「へっくんへっくんしてい

る】と形容したことから【へっくんさん】あるいは【へっくん様】の名がついた。その所業は【すねこすり】や【子泣き爺】を想起させるけれど、江戸時代中期の地誌（名所案内）などに描かれた姿は狐火のようだ。秀吉が築いた羅城「お土居」の上をたまさか行列しているらしい。普通の人間には見えず、しばしばそこに踏み込んでトラブルとなる。

この辺りは応仁の乱当時、最も激しい戦いが繰り広げられた一帯である。弔う者もない野晒しが、名もなき市井の聖（ひじり）たちによって石仏や地蔵に置き換えられ、そしてその悉くが秀吉によって「お土居」の礎とされ、やがて人々はかつての悲劇を忘れていった。妖怪【へっくんさん】の噂が生まれたのは、そんな時代のことである。

なるほど、蔑ろにされた戦死者の無念が取り縋っているわけか……と、連れが不安そうに私を見る。たぶん、すぐきの匂いに惹かれて寄ってきたのだろうと私は言った。桃山時代から、もう四百年も京都人はこの漬物を食べてきた。独特の香りは即席で彼らの郷愁を誘う。

「大丈夫、大丈夫。どうしたらええか知ってるし。こないしたら離れるんやて」

私は靴を爪先にひっかけ、ポーンと蹴り上げた。放物線の天辺で【へっくんさん】は【へっくん火】になって、へっくんへっくんと星空に昇っていった。が、それも彼の目には映っていないらしかった。成仏したくてもできないのが【へっくんさん】だ。ちょっと弾みをつけてやれば喜んで浄化され空気中に消えてゆくのである。

——という話を、連れはいまだに信じている。どうやら説得力があったらしい。

225　妖怪

【へっくんさん】は私のでまかせ。と、いって悪ければ〝創作〟である。

半木の道あたりが古戦場だというのは本当だ。この辺りには「出る」という話もしばしば聞く。とくに北大路橋東側の橋桁の下は厭な気配が澱んでいるとの噂があり、わざわざ通りに出て横断歩道を渡る人たちも多い。ここは洛中と洛外を隔てる結界だから、侵入しようとして果たせない悪い〝気〟が溜まっているのだと聞いたことがある。

けれど【へっくんさん】なんていうのは私が即興で考えたホラ話。以上でも以下でもない。なにが原因かはわからないが、そのとき、へっくんへっくんとしか歩けなかったのは事実だけれど、それが妖怪の仕業ではないことは確か。ところが京の各地に散らばる様々な怪異や伝説が【へっくんさん】にリアリティという命を与えてくれたらしい。妖怪が生まれやすい環境なんてものがあるとすれば、この千年のミヤコはまさしくそれにあてはまるだろう。

さて、十年前の冬の夜、賀茂川の滸にて私の口から出まかせで誕生した妖怪【へっくんさん】だが、インターネットの掲示板でつい先日その名を発見して大笑いした。自分ですら忘れていたのに。なんと妖怪は電脳世界で生き延びていたらしい。こうなれば、すぐきと同じくらい長く愛されるモノノケに育ってほしい親心である。

226

妖怪-08 【オーブ】

⑫ 妖怪堂　左京区孫橋通新麩屋町東入ル大菊町一五一-一

　中岡俊哉氏の『恐怖の心霊写真集』シリーズはかつて私の愛読書であった。影響を受けて、小中学時代は〝そういう場所〟を撮りまくった。成功したのは一度きり。が、それも「そう言われて、そんな気がする」レベル。三つの点が集まった図形は、なんでも人間の顔として認識できるという、いわゆる《シミュラクラ（類像）現象》の域を超えない範疇のものであった。

　ただ、デジカメを使うようになってからは、かなりの数の【オーブ】を捉えてはいる。英語で球体、宝玉を意味する「orb」。肉眼では認識していなかった丸い光の粒が撮影画像に映り込んだものをそう呼ぶ。心霊現象だと信じる人も多い。が、私の場合、高感度になったというより単純に撮影枚数が増えたせいだろう。ほとんどは空気中に漂う埃がフラッシュや日光などに反射したものらしい。レンズに結露した小さな水滴や付着した塵などもその原因になる。が、それらの心霊写真モドキが撮れる条件が揃っていなくてもオーブはやはり写り込む。

　いっとう派手だったのは〈伏見稲荷大社〉で撮ったもの。私の写真はすべて仕事のためのものだから、ほとんどの場面は数枚押さえるし、ときには連写する。役に立ちそうだと思えば十枚以上撮ることもざら。〈伏見稲荷大社〉のオーブは、そんな連続写真のなかの三枚。

伏見稲荷のオーブ

それは、跳ね回るように画面を右から左へと移動しているみたいに見えた。単純に狐の精霊が戯れているのだと思った。怖くも不気味でもなく、なんだかウキウキする写真だったのだ。怖いというのではないが、ちょっとビビったのは〈妖怪堂〉で撮影したもの。ここは築百年近い町家を改造——いや、そのまま利用した雑貨とファッションの店。古い前掛けを素材にした、すこぶる可愛い帽子や鞄があって気に入っている。

撮っているとき「オーブぃうんですか？」と笑っていたらホンマであった。

「ホンマにぃ？」と笑っていたらホンマであった。あれ、よー写りまっせ」と店長の葛城氏に言われシャッターを切った直後、鴨居に頭をぶつけて流血したのも偶然でない気がしてくる。〈妖怪堂〉では「百鬼夜行噺」と銘打って毎月八日に笑福亭純瓶師匠の妖怪話を聴く会が開かれている。なにしろ会場が会場なので、いろんな意味で迫力満点。内容は「ある古神道行者の実録ドキュメンタリー」だと思えばいいようだ。

オーブは、この様子を捉えたもののなかにもバンバンみつかるらしい。霊感ゼロの私がものしたくらいだから、きっと誰にでも撮れるはず。へんな心霊スポットにいくよりも効率がよさそうな気がする。ただし流血したくなければ失礼のないように。

この経験で思ったけれど、オーブ写真というのは心霊現象というより妖怪に出くわしたというべきではないか。あれはきっとマックロクロスケとかの仲間。つまりは〝精霊〟だ。たぶん町家には漏れなくついてくる。

229　妖怪

妖怪-09 【百鬼夜行(ひゃっきやぎょう)】

⑬ 高台寺　東山区高台寺下河原町五二六

陰陽雑記に云ふ。器物百年を経て、化して精霊を得てより、人の心を誑かす。これを付喪神と号すと云へり。──中世の御伽草子『付喪神記』冒頭の一節だ。変化(へんげ)するのは九十九年目という説もあり、「九十九」を「つくも」と読むのはここからきている。

【百鬼夜行】というと、恐ろしい悪鬼妖魔のたぐいが群れをなしているイメージを思い浮かべがちだけれど、実際はこの「付喪神」の行列である。器物道具類に手足の生えたものが大半だ。年末の大掃除「煤払い」時に出た廃棄物が、捨てられた恨みを呑んで生命を得たもののけたちだと一般的にはされている。

モノに命が宿るという感覚は、かつて日本人に共通するメンタリティであった。生きているのであれば当然のようにそれを使う側の人間との関係も濃密になる。私もモノには執着するほうなので、なんどか奇妙な偶然を経験してはいる。

たとえば私は長距離旅行の前になると必ずや帽子をうしなう。「ああ、今回は失くさへんかったなあ」と思っていると飛行場で行方不明になる。これは帽子が私の身代わりになってくれたのではないかという気がしてならない。旅の不安を軽減するため無意識がわざと帽子を人身御供に

捧げているのだという説も成り立たなくはない。が、やはり不思議だ。

このあいだは骨董屋で理想的なガラスの水差しを発見。一目惚れ。しかし大変に高価である。しかもいま使っているものだって決して悪くはないのだ。逡巡しながら家に帰ると……現在の水差しが壊れていた。真っ二つという異様な割れかた。妻を捨て愛人に走ったロクデナシの気分であった。びしょびしょのテーブルが修羅場の後を思わせた。

そういえば家の娘が結婚するとき、祝言の朝に彼女の使っていた持ち物を壊す習慣が京都にはある。「嫁ぐからには、もう帰る場所はないのだとの覚悟を促す」なんてモットモらしい意味付けがされている。けれど、これも本来は可愛がられていた道具が娘を呼び戻したりしないようにという用心のためだと聞いた。

これは実家の近所に住んでいたおばあちゃんの話だけれど、彼女は結婚した当初、些細なことで旦那さんと喧嘩が絶えなかったのだという。とにかく相手のやることなすこと気に喰わない。箸の上げ下ろしまでも癇に障る。あまりにもたびたび実家に顔を見せる娘を訝って、母親が八卦見に相談したところ「文箱の底を見よ」と出た。

おばあちゃんには告げられた卦に思い当たる節があった。彼女が子どもの頃からずっと挿していた櫛が隠してあったからだ。いまさら髪にも飾れないけれど、さりとて愛着があって捨てるに捨てられず、蔵の隅の文箱に忍ばせて嫁入りしたのだという。

「笄に妬かれたんやねえ。材は柳やったさかい。柳の精は男はんやていいまっしゃろ」

翌日おばあちゃんは家に戻って櫛をとりだし、堪忍な、と二つに折った。以来、旦那さんとの仲はみるみる睦まじくなり、赤ん坊もすぐに生まれたそうだ。まるで日本昔話みたいなエピソードだが、ほんのり含羞の笑みを浮かべた彼女の顔とともに忘れられない。

道具は粗末にさえ扱わなければ【付喪神】になることはない。稀に聞く"いわくつき"の逸話は、ほとんどが元の持ち主によって込められた念に因果を発している。なんでもかでも百年で手足がはえて徘徊するようになったら骨董屋は商売上がったりだろう。

【百鬼夜行】伝説が生まれた室町時代、京はバブルに沸いていた。人々は流行を追い、旧弊なモノは惜しげもなく棄てられた。一条通りにはそんな不用品の市が立ち、連日賑わったという。これがのちの「天神さん」の原型とも言われる。この一条通りが【百鬼夜行】のルートだとされたのは、きっと偶然ではない。

以前〈高台寺〉で、こちらが所有されている百鬼夜行図の絵巻をプロジェクターで庭に映写するという特別催事を観賞させていただいたことがある。名園のなかを付喪神たちがしずしずと歩む様はとてもユーモラスで楽しませてもらった。

もっともこれは【百鬼夜行】本来の姿ではない。たぶん魂の籠もる道具を求めて夜明け前の「天神さん」の薄闇に集う骨董狂の群れのほうが、もはやそれに近いだろう。

あとがき　公式で解けない恐怖

実は私は〝恐怖不感症〟である。恐怖というのが何なのかよくわからないのだ。そのくせ三度のメシの次に恐怖が好きだったりする。それって変かしらん？

我ながら恐怖については貪欲だと思う。アルジェントやハマースタジオ作品はもとより、ガイ・マディンからブライアン・ユズナまで観る。子どもの頃は枕元にゴーリーの絵本があったし、ラブクラフトやキングはいうに及ばずアレイスター・クロウリーから柳内伸作の拷問史まで読む。いや、映画や小説にとどまらず、あらゆるジャンルの心霊や超自然を取り扱ったものに目がない。遊園地に行けば真っ先にお化け屋敷に入りたがる。少年チャンピオンは、まず「エコエコアザラク」からページを捲っていた。

しかし私がなにかを観て、読んで、「怖いよう」と洩らしても、それは「面白い」「楽しい」「高揚する」という意味。感じた恐怖に戦慄しているわけではない。よしんば「キャー」とか声をあげても、それは歓喜の悲鳴なのだ。

いや、私は決して〝怖いもの知らず〟なキャラではない。むしろ小心者だ。ゴキブリもジェットコースターも人並み以上に怖い。当たり前のように事故や病気だって怖い。けれど、〝創作された恐怖〟が恐怖であったためしがないのだ。生理的不快に眉をひそめたり、不意打ちの映像や効果音

233　あとがき　公式で解けない恐怖

に驚きこそすれど。

やはり私は鈍感すぎるのだろうか。霊感の一つや二つ持ってないと恐怖体験にも限界があるのは確かだろう。いま思い出せる範囲で個人的に一番怖かった経験はといえば、中途半端に込んだ電車のなかでギリヤーク尼ヶ崎に似たおじいさんに股間を鷲掴みされたこと——だというのは、ちょっぴり情けない。

このときは「わっ、バケモノ」と咄嗟に叫んだ。いくら驚いたとはいえ、なんという反応か。ものの書きとして己のボキャブラリーを恥じつつも睨みつけると、おじいさんはニヤーリと笑ってぐいぐい掌に力を込めた。あれは怖かったなー。

さて、こんな計算式がある。

(es+u+cs+t)squared + s +(tl+f)/2 +(a+dr+fs)/n + sinx−1

これは英国のロンドン大学キングス・コレッジの研究チームが開発した、完璧な恐怖映画を導き出すための公式なのだそうだ。内訳は、

es＝緊張を高める音楽　u＝正体の判らなさ　cs＝主人公が追われるシーン　t＝罠に陥れられそうな予感　(squared＝二乗)　s＝衝撃度　tl＝現実味(リアリズム)　f＝虚構性　a＝主人公の孤立の度合い　dr＝闇の深さ　fs＝映像のムード　n＝登場人物数　sin$x$＝血(内臓)

1 = ステレオタイプの程度

——なるほどというか、なんというか。

この公式を使って計測した結果、最高のホラーはキューブリックの『シャイニング』であると彼らは報告している。特に重要な要素である【緊張感】【リアリズム】【血】が、この映画には完璧なバランスで配されているそうだ。また登場人物は少ない方がより観衆の共感を得られるので、この作品の舞台設定「冬の間、閉鎖された巨大なホテルにいる家族」はその点でもパーフェクト。『サイコ』のシャワーシーンと双璧の【恐怖】であると。

『シャイニング』は紛うことなき【恐怖】の名作である。が、それでも私にとっては「面白い」「楽しい」に相当する映画でしかない。【緊張感】も【リアリズム】も【血】も、あくまで作品を成立させるための効果、つまりは記号だけだからだ。それがどれだけ魅力的でも巧妙でも、恐怖を演出するための仕組みがあるものを私は怖がれないのであった。脳味噌がそれらを娯楽だと判断してしまうのかもしれない。

そんな創作された恐怖には不感症ぎみの私が真の恐怖を満喫しようとすると、結論としては京都を歩くしかないということになる。私の京都への愛情は、怖いものへの愛情とほぼ相似形といってもいいくらいだ。なぜならば、この都市の恐怖はどんなに絵空事めいたものでもある種の生命力を感じさせてくれるから。大路小路をあてどなくうろつくとき、いつだって私はほのかにそんな血の通った恐怖との遭遇を期待している。

235　あとがき　公式で解けない恐怖

京都の恐怖は公式にあてはまらない。

その恐怖は公式にあてはめてはまらない。ただの暗闇ならスキップで抜けられる私だが、京都には真昼間でも足を竦ませる小路がある。酔っ払って墓石を枕に青山霊園で眠った経験だってあるけれど、名もなき地蔵尊の磨り減った顔が思い出されてまんじりともできなかった夜を知っている。

その感覚は一般的な恐怖とは違う。いわゆる心霊スポットと呼ばれる場所ですら京都のそれは独特の風情を帯びている。けれど、あきらかに娯楽としての恐怖ではない。たとえば、あからさまなフィクションを背景とした恐怖だって京都にはあるけれど、それが碁盤の目に置かれたとたん妙な生々しさを備えるようになる。本来のゾッとさせようという意図とは異なるところで厭な気配を漂わせはじめる。それらは分析を拒む、記号化できない怖さである。

もしかしたら「結局、人間が一番恐ろしい」という決り文句が京都にはあてはまるということなのだろうか。人ならぬものが、人の恐ろしさの核であるところの〝心の闇〟を、こればかりはなにをもってしても計測不能な〝魂の深淵〟を抱えているという……。そしてまた、たぶん心や魂のようなものがあるからこそ、人に惹かれるように京都の恐怖に惹かれてしまうのだ。

ともあれ縁起悪そうな話が八十八本。えらく縁起のよい数集まった。縁起悪い話が末広がってどうする? という噂もあるが。まあ、それはそれとして。

恐怖不感症ですら〝なにか〟を感じられる京都。ホラー映画に怯え暗闇を嫌う読者諸氏にはどん

なふうに見えただろう。公式にあてはまる恐怖に慣れた人たちの目にどう映ったかは甚だ心許ないけれど、それでも愛好家として、それなりに嬉しい悲鳴をあげてもらえる話は採集できたとも自負している。最後まで読んで下さった皆さんには、いつにもまして感謝したい。

To Ian. People say "Ultimately, human being is the scariest thing in this world". I agree with that. But, I am still in love with horror, terror, and supernatural. That's why I am still in love with you as human being. I'm happy to dedicate this book for you and all human being who can cope with being human.

入江敦彦

怖いこわい京都、教えます

著　者………入江敦彦
発　行………2007年9月20日

発行者………佐藤隆信
発行所………株式会社新潮社
　　　　　　　郵便番号162-8711　東京都新宿区矢来町71
　　　　　　　電話　編集部(03)3266-5411
　　　　　　　　　　読者係(03)3266-5111
　　　　　　　http://www.shinchosha.co.jp
印刷所………大日本印刷株式会社
製本所………株式会社植木製本所

乱丁・落丁本は、ご面倒ですが小社読者係宛お送り下さい。
送料小社負担にてお取り替えいたします。
価格はカバーに表示してあります。
© Athico Ilye 2007, Printed in Japan
ISBN978-4-10-467504-3　C0095

秘密の京都 京都人だけの散歩術　入江敦彦　写真・北畠健三

道草や立ち食いを楽しみ鬼や仏と戯れながら、京都人のように散歩しよう。この街の謎を解くために。桜、温泉、占い、庭、市、カフェ、老舗……ディープ京都案内。

都（みやこ）と京（みやこ）　酒井順子

京都と東京。30歳を過ぎてすっかり虜になった古都と住みなれた首都。愛する二つの〈みやこ〉を、痛快な着眼点と得意の二項対立で徹底比較考察した、出色の都市論。

きつねのはなし　森見登美彦

細長く薄気味悪い座敷に棲む狐面の男。闇と夜の狭間のような仄暗い空間で囁かれた奇妙な取引――。京の骨董店を舞台にして、妖しくも美しい幻燈に彩られた奇譚集。

押入れのちよ　荻原浩

今ならこの格安物件、かわいい女の子（14歳、ただし明治生まれ）がついてきます……幽霊とサラリーマンの奇妙な同居を描いた表題作ほか、ぞくりと切ない9夜の物語。

京都夢幻記　杉本秀太郎

京呉服商の家に生まれながら家業を離れた著者が、洛中の風物や東西の文芸・絵画・音楽を語りつつ、一族の秘密を初めて打ち明ける――半自伝的な極上のエッセイ。

京都発見 三 洛北の夢　梅原猛　写真・井上隆雄

八瀬、大原、鞍馬、貴船など洛北の山と里を中心に、浄土仏教を始めた法然、悲運の皇子・惟喬親王、小野妹子から小町にまで連なる小野氏などの事跡を訪ね歩く。